世界十大先进的教育理念

走进孩子的心灵世界

做孩子的知心朋友

Zuo Haizi De Zhixin Pengyou

邓　兵◎编著

> 家庭是社会的基本细胞,是人生的第一所学校。不论时代发生多大变化,不论生活格局发生多大变化,我们都要重视家庭建设,注重家庭、注重家教、注重家风,紧密结合培育和弘扬社会主义核心价值观,发扬光大中华民族传统家庭美德,促进家庭和睦,促进亲人相亲相爱,促进下一代健康成长,促进老年人老有所养,使千千万万个家庭成为国家发展、民族进步、社会和谐的重要基点。
> ——习近平

华南理工大学出版社

·广州·

图书在版编目（CIP）数据

做孩子的知心朋友/邓兵编著. —广州：华南理工大学出版社，2017.8
ISBN 978-7-5623-5244-0

Ⅰ.①做… Ⅱ.①邓… Ⅲ.①儿童教育 Ⅳ.①G61

中国版本图书馆CIP数据核字（2017）第100280号

做孩子的知心朋友

邓兵 编著

出 版 人：卢家明
出版发行：华南理工大学出版社
（广州五山华南理工大学17号楼，邮编510640）
http://www.scutpress.com.cn E-mail: scutc13@scut.edu.cn
营销部电话：020-87113487 87111048（传真）
策划编辑：范亚玲
责任编辑：朱彩翮
印 刷 者：广州市骏迪印务有限公司
开 本：787mm×960mm 1/16 印张：11.5 字数：192千
版 次：2017年8月第1版 2017年8月第1次印刷
定 价：48.00元

版权所有 盗版必究 印装差错 负责调换

序

近期,《人民日报》发声:家长改变,中国的教育问题才会从根本上改变。文中指出,"家长是孩子的第一任老师,也是最重要的老师,但目前中国家长在这方面是严重缺失的。家教是什么?是家长对孩子的言传身教,往往体现在非智力因素方面,比如感恩、尊重别人、遵守基本的规矩等等,其实就是让孩子成为一个合格的社会人。孩子成为一个什么样的人,在某种程度上,首先取决于父母。"

中国的父母不爱自己的孩子吗?绝对不是。但不得不承认,中国的某些父母是宠爱、溺爱、私爱和错爱,既不传承好家风,也不传递正能量,更不用说让家长主动学习家庭教育方法了。

教育和培养孩子首先需要父母提升自己的教育理念,加强自身的教育能力。面对社会变革,如果家长的教育观念、教育方法与时代格格不入,且保守和僵化,那就是以爱的名义伤害孩子。

本书选取了目前世界上流行的、领先的十种家庭教育理念,也是孩子心灵成长过程中急需的十种营养,帮助家长打开教育思维,扩大教育视野。在做好家庭教育这顿"大餐"时,首先要做到让孩子喜欢吃,然后是吃饱,吃得有营养,这样才能呵护孩子的健康成长。

为了让广大家长了解孩子、理解孩子、明白孩子的情绪情感,作者不仅分享了"打工皇帝"唐骏、"打工女皇"吴士宏成功的秘密,又深入浅出地解读了周杰伦、丁俊晖、郭敬明等明星成长的故事,更深刻地剖析了"虎妈""猫爸""狼爸"等网络上家教名人的成败得失,是一本有激情、有思想、有智慧的书,有着极强的实用性,有很好的借鉴作用,是父母用心教育孩子的指导书,更是父母的"知心朋友"。

本书没有长篇大论的说教,只有润物无声的分享。在感人的氛围中为大家展示一些生活中教育的"小动作",或是表情,或是动作,或是态度,这些常常被我们忽略的细节，也是培养身心健康孩子的精致工具。本书还将各个部分精雕细琢，在智商、情商、德商、美商等多方面塑造孩子，让他们插上翅膀，在理想的天空里飞翔。

《做孩子的知心朋友》这本书，如同一把"知心"钥匙，帮助家长打开孩子的心门，和孩子相互理解、相互信任，用合心、合理的方式从孩子的心理发展角度去关爱他、抚育他。

让我们带着浓浓的爱走进孩子的内心世界，做孩子的知心朋友吧！

特色说明：

十年教育采访和教育研究成果，以独特的教育视角解读教育的本质；
十条世界上先进的教育法则，以创新的教育理念引爆家教思维；
十种孩子成长中急需的营养，以正确的教育方式诠释爱的力量；
十大古今中外名人的家教故事，以精彩的细节阐发名人的教育智慧。

作　者
2017年3月

目 录

第一章 相信孩子的梦想
第一节 梦想能给予孩子力量 …………………………… 2
第二节 呵护孩子的梦想 ………………………………… 4
第三节 精心呵护，等待梦想之花绽放 ………………… 7
第四节 让孩子的梦想"飞"起来 ……………………… 10

第二章 尊重孩子的意愿
第一节 兴趣爱好孩子说了算 …………………………… 16
第二节 给予孩子说话的机会 …………………………… 19
第三节 让孩子自己做决定 ……………………………… 22
第四节 保护孩子的"隐秘世界" ……………………… 26
第五节 用尊重成就孩子 ………………………………… 29

第三章 温暖孩子的心灵
第一节 大爱无痕，一缕阳光 …………………………… 34
第二节 一份关怀，暖人心窝 …………………………… 38
第三节 一个微笑，温暖的符号 ………………………… 43
第四节 一个拥抱，爱的传递 …………………………… 47

第四章 培养孩子的自信
第一节 别让自信远离我们的孩子 ……………………… 52
第二节 用爱让孩子的自信萌芽 ………………………… 55
第三节 让孩子"抬起头来" …………………………… 59
第四节 让孩子保持"我能行"心态 …………………… 63
第五节 自信，让孩子活出精彩 ………………………… 67

第五章　分享孩子的喜悦

第一节　分享是一种快乐 …………………………………… 72
第二节　孩子的喜悦需要分享和祝福 ……………………… 75
第三节　喜悦的分享 ………………………………………… 78
第四节　让孩子以分享为乐趣 ……………………………… 82

第六章　倾听孩子的心声

第一节　爸妈，请听我说 …………………………………… 90
第二节　走进孩子的内心世界 ……………………………… 93
第三节　用积极的态度去倾听 ……………………………… 97
第四节　学会倾听孩子的心声 ……………………………… 100

第七章　激发孩子的潜能

第一节　潜能无限，发挥榜样的力量 ……………………… 106
第二节　你家孩子的学习潜能被抑制了吗？ ……………… 110
第三节　善于发现孩子的天赋 ……………………………… 115
第四节　耐心激发孩子的潜能 ……………………………… 118

第八章　善待孩子的错误

第一节　人是在错误中成长的 ……………………………… 128
第二节　孩子的错误不必都指出 …………………………… 132
第三节　父母对待孩子错误的态度 ………………………… 135
第四节　引导孩子正确面对错误 …………………………… 140

第九章　培养孩子的兴趣

第一节　培养兴趣不能盲目跟风 …………………………… 148
第二节　呵护孩子的兴趣 …………………………………… 150
第三节　如何培养孩子的兴趣 ……………………………… 153

第十章　塑造孩子的性格

第一节　种下良好性格的种子 ……………………………… 162
第二节　通过家庭教育培养孩子良好的性格 ……………… 166
第三节　别把孩子的好性格扼杀在摇篮中 ………………… 171

参考文献 ……………………………………………………… 176

第一章
相信孩子的梦想

也许孩子从刚会挪步起就拥有了梦想，他们表述得简单而直白，可能笑盈盈地喊出：我要当一名医生；或是一本正经立志似地说：我想当一名警察；或是羞涩地红着脸低声说：我要成为一名科学家。希望的萤火在孩子稚嫩的心中闪烁，时明时暗，微光不足以给予温暖，却照亮了希望的道路。拥有梦想我们的生命才变得有意义，我们的人生才充满了希望和无限的动力。作为父母，我们要相信孩子的梦想，引导和帮助他们，让他们向梦想的方向靠近，进而放飞梦想。

第一节 梦想能给予孩子力量

每个孩子都应该有梦想，梦想是孩子成长路上的精神支柱。漫漫人生路，因为有梦想，方能鼓足勇气一往直前；因为有梦想，方能满载能量穿越迷途和坎坷；因为有梦想，方能排除万难实现最终的目标。有一首歌这样唱道："我一个人的梦想，像太阳，散发着炽热的光，能照亮所有内心灰暗的地方。"

有梦想就有了动力。孩子的梦想常常看似不切实际，甚至有时如同天马行空，却在孩子心中起到重要的指引作用，为前行的路指明了方向。有了梦想，再大的困难也不能打倒我们。梦想的力量是巨大的，让人充满动力和信心。孩子的梦想或远大或渺小，或成熟或幼稚，或现实或渺茫。或许孩子心中的梦想奋斗一生也未能实现，但它至少发光发热，照亮了他们心中的天空。或许孩子的梦想因付出了难以估量的努力和坚持不懈而得以实现，那孩子会很有成就感，人生充满意义。拥有梦想，孩子的成长过程将会变得美好。

一个关于几维鸟梦想的短片，讲的是一只几维鸟为了实现梦想而最终牺牲了自己。这个短片获得了奥斯卡最佳短片奖，也让我们对梦想有了新的认识。其实，它也没有真正实现自己会飞的梦想，只是找到了实现会飞梦想的感觉。这只几维鸟非常艰难地在悬崖下面种满了树，然后从悬崖上一跃而下，它在树尖上飘过，找到在树林上飞的感觉，实现了它想飞的梦想。短片中几维鸟在种树的时候是非常快乐和幸福的，它为梦想而奋斗，因梦想而获得精神上的满足，当这只几维鸟跳下去看到前面一片树林的那一刻，它流下了眼泪。这是感动的泪，满足的泪。几维鸟的梦想让它充满动力地奋斗一生，使它在为梦想奋斗的过程中感到满足和美好。

就如几维鸟一样，不奢求一定实现梦想，而是收获追求梦想背后的力量和追寻梦想过程中的快乐。不论我们的梦想遥远与否，始终都是我们心灵深处的灯塔，尽管它遥不可及，但却给予我们力量。梦想能给人幸福的感觉，化作力量，化作希望。美丽的蝴蝶，只有在经历过破茧而出的努力，才能带给人们无与伦比的美丽；金黄的落叶，奉献一生，从容乐观地在风中献上最后的舞姿

"化作春泥更护花"。世间百态,皆因梦想而幸福,幸福之中透着泪水与微笑,希望与赞歌。

梦想不一定能够实现,但我们一定要让孩子拥有梦想。志当存高远,梦想让人魂牵梦萦,梦想给人生铺砌了一条五彩斑斓的路。一个没有目标的人就像一艘没有舵的船,永远漂流不定,只会到达失望、失败和丧气的海滩。成功总是青睐那些有目标的人,鲜花和荣誉从来不会降临到那些像无头苍蝇一样在人生之旅中四处碰壁的人头上。为了梦想,孩子需要身体力行,孜孜以求,甘洒血汗。在追寻梦想的道路上孩子会得到一些额外的收获,比如为自己全力以赴的感动、梦想给予的力量和向梦想每靠近一步的快乐。

低起点却梦想成真的经典代表,或许是多年前叱咤一时的"中国打工女皇"吴士宏。从沏茶倒水的员工到微软中国的总经理、TCL董事副总裁,她从不入眼的基层岗位,却心怀远大梦想一步一个脚印,不断拓宽职场空间。

有一次上司把她当作经常偷喝咖啡的毛贼,这让她难以忍受,这是人格的污辱,吴士宏顿时浑身颤栗,像头愤怒的狮子,把内心的压抑彻底地爆发了出来。事后吴士宏下决心:有朝一日,我要去管理公司里的任何人,不要说香港人,即使是外国人也毫不例外。

梦想让吴士宏充满奋斗的力量,采取的方法是每天比别人多花6个小时用于工作和学习,她吃力地研读市场分析方面的著述。随着对公司业务的熟悉,吴士宏心中就产生了小小的梦想:我要是哪一天成为经理,那将是多好啊!那时,这种野心和梦想只能藏起来,她不敢跟别人说,怕说出来做不到。直到做到了经理之后,她又有了新的梦想,就是一步步做上去,管理公司任何人。

只要有梦想,只要努力,低起点也同样可以获得成功。天道酬勤,所有的努力都没有白费。

吴士宏的成功不是偶然,而是靠自己的实力打拼出来的。梦想给予她力量,给予她打拼的动力,让她一步一个脚印地去实现她的"打工女皇"抱负。

一个农民的孩子,家里穷,从小就跟着父亲下地种田。每次休息时,他都望着远方出神。父亲问他在想什么,他说,将来长大了,不要种田,也不要上

> 班，天天待在家里，就会有人寄钱到家里。父亲笑着说，别做梦了。
>
> 后来他上学读书，从课本上知道有个金字塔，他心中梦想着去埃及看看金字塔。他就对父亲说，长大了想去看金字塔。父亲又笑着说，还是别做梦了。
>
> 这个孩子经过不懈的努力，十几年以后当上了作家，自己写文章，出版图书，每天坐在家里写作，出版社、报社就往他家里寄钱。当他赚够了钱就去埃及看金字塔，实现了儿时的梦想。站在金字塔下，他默默地说："爸爸，人生没有什么不可能，有梦想有行动就可以突破自己。"这个孩子就是台湾作家林清玄。

当孩子真心追寻自己的梦想时，每一天都是缤纷的，因为他知道每一个小时都在实现梦想的一部分。

第二节 呵护孩子的梦想

我们在孩童年代，总想挣脱成人的束缚，做自己喜欢的游戏。而到了自己为人父母时，又总是用各种框框来捆住孩子好动的手脚和脑瓜。

回想一下孩子跟我们讲述自己的天马行空的梦想的时候，我们是不是立刻打断——

"我想当建筑师。"

"不行，孩子，建筑师又累又脏，你还是当科学家。"

"我想当厨师。"

"傻孩子，厨师算是什么梦想，还是换个科学家当当吧。"

……

跟别人谈起梦想，我们常常说梦想不分高低贵贱，可是真的轮到自己孩子身上的时候，我们总是给孩子的梦想定框框。希望父母能按捺住自己对孩子强烈的期许，不要对他的梦想加上自己的看法。

在《儿童精神：一种人文的表达》一书中列举的两个案例：

"蓝印花布可以做什么？"一个幼儿回答："我想把它做成一艘美丽的船去航海。"老师否定道："布是不可以做成船的，会沉掉的。"

冬天大雪覆盖了原野，公鸡和小白兔出来散步，在雪地上画出美丽的脚印。老师讲完故事提问：蛇和青蛙为什么没有出来？一个孩子回答："因为蛇和青蛙没有毛衣，怕冷。"老师很不高兴，严厉地说："不知道就不要乱说。"

在小学和幼儿园里，这样的例子比比皆是。孩子天真的想象，与他们初涉人世身心发育尚不完善有关，正是因为其幼稚，才有了无拘无束的游戏、荒诞大胆的幻想和天真好奇的探索。他们不会考虑现实社会的各种清规戒律，只是以自我为中心出发，想当然地冒出许多奇思妙想。这些童话般的幻想，或许正是创造的萌芽。我们应该小心翼翼地呵护这样的梦想萌芽，不要轻易地否定。

如果孩子的梦想不可思议，或想当超人，或想当外星人，也许父母会担忧任由孩子荒诞不经的梦想发展，极易换来一个不靠谱的将来。

事实上，孩子在每个年龄阶段，都不同程度地学会与现实社会关联的规则。我们不妨回忆一下自己的成长历程，会发现孩子树立规则和边界一方面来自父母影响，另一方面则来自自我模仿。专家指出，孩子对世界的态度、解释方式和行动方式，是天赋、环境交织的结果，因而他们会出于本能选择相对安全的行事方式。

同时也说明了这样一个问题，只要父母正确看待孩子梦想，呵护孩子梦想，不放任自流，那孩子的价值观和行为一般也不会产生很大的偏差。

反之，如果将成人的价值观全盘加诸孩子身上，会使孩子从小习惯按照父母的角度思考及做事，很难感受到自己真实的内心需求，这除了会让孩子失去童年的欢乐之外，成年后也会深受个性压抑之苦。

一位妈妈就遇到这样的情况，她看到了小学五年级女儿写的一篇作文："我长这么大从来没有自己的生活，出去玩的时候妈妈给我限定时间，我想学跳舞，妈妈却逼我上英语补习班，我的全部生活都是妈妈为我安排的。如果让我写《我的梦想》，那我就写我根本没有梦想。"

这位妈妈看完后很生气，把女儿的作文撕了，没想到平时看起来十分听话

的女儿也生气地推了妈妈一把。妈妈想不明白平日听话的女儿怎么会有这些想法，后来她才从孩子爸爸那里得知，长久以来，女儿都因为她干涉过多而不开心。这时妈妈才意识到，的确是自己扼杀了孩子的梦想，太忽视女儿的内心了。

由此可见，在孩子的成长过程中，每个阶段都伴随着其独立人格的逐步完善，所以一旦他们有了自己的梦想，父母参与其中的只能是分析、评估和协助，而非武断地替他们决定或立即阻止。

多数情况下，父母们都热衷于扮演孩子未来规划师的角色，并理所当然地以"小孩子不懂事"为由替他们决定一切。然而这些以成人社会价值观来做的决定，多半是以苛求孩子成龙成凤为前提的。

几乎每个孩子都有自己的梦想，梦想是孩子对自己未来的美好设计，孩子们在谈到自己的梦想时，往往会神采飞扬，眉飞色舞。然而，在现实生活中，很多父母常常对孩子的梦想不屑一顾，甚至大泼冷水。有个小学三年级的男孩子曾对母亲说，长大了要去当飞行员，而母亲却说："瞧你那差劲的成绩，看守飞机都轮不到你的份儿。"孩子的梦想被母亲的讥讽伤害了。如果这位母亲能认真呵护孩子的梦想，孩子日后说不定真会成为一位出色的飞行员。

孩子的梦想对孩子来说有着无穷的魅力，对孩子的成长具有巨大的牵引和激励作用。儿童心理专家认为，梦想是孩子自我形象的理想化。父母积极鼓励孩子追梦，孩子会产生强大的内驱力，面对各种困难也会主动想办法去克服。梦想能使孩子在学习、工作过程中坚持不懈地创造，并获得愉悦的情感体验。据对爱迪生、毕加索等成就卓越的人物的研究表明，他们在少年时期都有一个绚丽多彩的梦，他们一生为之奋斗的目标就是实现年轻时的梦想。

孩子有了梦想，哪怕是不可思议、看起来不靠谱的，父母都应该为他有了"理想的我"而感到欣慰和自豪，并给予肯定。父母对孩子的梦想坚信不疑，孩子就会从父母那里获得力量和勇气，树立自信心。为了让孩子的梦想尽可能成为现实，在孩子追梦的过程中，父母还应给予多方面的关注和支持。比如，帮助孩子寻找梦想的榜样，和孩子讨论榜样的成长史、奋斗史、成就史，明确成功必须付出辛劳和汗水，让榜样在孩子心里生根；给孩子的圆梦计划提供建议和支持；经常提醒孩子践行诺言，在孩子怀疑梦想时给予鼓励。

有一个小男孩出生在十分贫穷的人家。可是小男孩从小就怀有一个梦想，那就是成为一个音乐家。事实上，音乐是富有而高雅家庭的孩子才能玩得起的才艺，学习音乐所需要的大笔经费，这是他们这种贫困家庭所承受不起的，仅仅是那一架昂贵的钢琴，就会让他在爱好和梦想面前望而止步了。

母亲深知自己家里的情况根本无法给儿子买乐器，当男孩满怀希望地讲述着对音乐的喜欢和向往时，母亲心中很不是滋味，但她依然支持儿子的梦想，并建议他自己制作乐器。男孩在母亲的鼓励下，先是自己动手，用纸板制作了一个模拟的黑白色的钢琴键盘，然后在那个纸板做的黑白键盘上，练习贝多芬的《命运交响曲》。纸键盘当然弹不出任何声音，男孩儿自然也听不到钢琴发出的美妙声音，但他仍然用心地弹着，仿佛那音乐震耳欲聋。

更让人不可思议的是，男孩在这样纸做的键盘上勤奋练习到十指都磨破后，开始自己作曲。渐渐地，有人开始喜欢并愿意出钱购买他的曲子。

一天，男孩用自己卖曲子挣来的钱真的买回了一架钢琴，母亲知道后非常开心，并鼓励儿子继续努力。那是一架二手钢琴，音准音色方面都有些瑕疵，但男孩却如获至宝。他学着自己修整、调音，沉醉在自己的音乐世界里。男孩不断努力，坚持不懈地练习音乐，最后在音乐路上获得了肯定，实现了儿时的梦想。男孩在追寻音乐梦想中享受着快乐和幸福，他的人生因孜孜不倦地追求梦想而变得美好，奏响了自己的人生乐章。

小男孩在母亲的支持和鼓励下坚持不懈地追寻自己的梦想，通过自己的艰辛付出，最后享受到了实现梦想的乐趣。孩子的梦想需要得到父母的悉心呵护才能在心中萌发长芽，在它萌发之初，需要父母有一双发现的眼睛及十足的耐心，及时实施积极的点拨和引导，继而茁壮成长。

第三节　精心呵护，等待梦想之花绽放

看着自己的孩子成长是天底下父母最幸福的事，但其实这份幸福也暗藏着"危机"，因为当一个合格的家长真的很难。

只要回想一下我们自己的成长道路，就能发现父母的影响有多深。有时

候,父母的一句话,就可能扼杀了我们最初的热情和梦想,使我们走上不同的人生道路。

是的,在养育孩子成长的过程中,没有人比孩子的父母更有发言权。但也不得不承认,孩子们很快就会长成独立的个体,在2岁至3岁这个阶段,他们就会向父母表露其独特的思想,例如最喜欢吃什么,想和谁做朋友,长大后想成为什么样的人。

但遗憾的是,面对这些天真可爱的言论,很多父母总是一笑而过,没有认真分析孩子的言论是否合理,直接通过买零食、讲故事甚至干脆用嘲笑、怒斥等手段告诉他们要听话,让他们相信父母才是对的。孩子天真的梦想,尽管是种初涉人世身心发育尚不完善的表现,但其中也隐藏着创造力和未来成为什么样的人的意识。

在孩子成长的过程中,父母对其梦想持有怎样的态度,是能否正确引导孩子的关键所在。比如育儿专家们常常谈论的"正视"与"欣赏",说的就是请父母正视孩子喜欢干什么,并懂得欣赏他们说的每一句话。

宇航员尼尔·奥尔登·阿姆斯特朗大家一定不陌生,但也许大家并不知道"登月"背后还有这样一个故事。幼年的阿姆斯特朗在院子里玩耍,吵到了正在做饭的妈妈。妈妈问:"你在干吗?"他回答:"我想跳到月球上!""哦,原来是这样。"妈妈就不假思索地答道,"记住,别忘了回来!"

当然,每个孩子的梦想都不一样,但都需要父母正视孩子的梦想,充满智慧地呵护孩子的热情与好奇,才可能让他们大胆的梦想得以自由延伸。

对于孩子的梦想,"正视"和"倾听"并非只是简单从字面上理解,要让它们生动起来就必须参与其中,也就是俗话说的"言传身教"。

其实就如前文中提到的一样,当孩子有了自己的思维,开始向我们表露他们的兴趣时,我们就不难从中发现他们的梦想。如他们率真地表示"我想做什么",这时作为父母的我们要做的是留意并身体力行地予以支持。

父母应该花点心思去引导孩子建立一个伟大而美好的梦想,并且要跟着孩子一起成长。比如孩子说自己的梦想是成为一位世界级的科学家,那要不要看世界级科学家的传记呢?这时父母要问他,喜欢哪一位世界级的科学家?喜欢

史蒂芬·霍金呢，喜欢牛顿呢，喜欢爱因斯坦呢，还是喜欢其他的？孩子喜欢谁，父母就要和孩子一起去学习。如果父母没有参与学习，就无法引导孩子，那孩子的梦想就容易变成空想。

> 大家还记得他吗？他叫肇俊哲，辽宁沈阳人，一名优秀的中国足球运动员，司职中场，前中国国家男子足球队队长、技术全面的中场工兵，在场上成为李铁的最佳搭档。他的梦想能够实现，全靠父亲最初的参与和教导。
>
> 当他13岁时，被央视采访记者问到梦想时，这样说道："电视里出现了中国队失利没有冲出亚洲，感到很遗憾，我今后一定要好好练球，要使中国的足球事业走向世界"。小小肇俊哲的豪言壮语，听起来让人很感动很励志，大多数人看完采访后只是一时感动，觉得是小孩说说套话而已。肇俊哲的父亲却不一样，他把儿子在这个采访中说的话当作正经事，很认真地跟儿子讨论这个梦想的话题，并在训练比赛中指导儿子，鼓励他要不忘初心，懂得坚守和执着。
>
> 后来肇俊哲成功了，实现了梦想。2002年他代表中国男足征战世界杯，他在对阵巴西队的比赛中射中门柱差点改写中国足球的历史；2004他作为国家队副队长帮助球队取得2004年中国亚洲杯亚军，并在中超联赛中表现出色。
>
> 2016年10月30日，肇俊哲正式宣布退役。314场顶级联赛、进球数超过50球、代表国家队出场71次，尤其是2002年代表国家队征战世界杯。回顾自己19年的职业生涯，肇俊哲眼含热泪，哽咽着无法说话。肇俊哲谈到要感谢的人时说，"19年的付出，最感谢自己的父亲，是他的教育让我不忘初心，懂得坚守和执着，包括对一支球队的忠诚。这19年来，他一直陪着我。"

谁也不曾想到，肇俊哲这个看似不太能成功的梦想，竟真的实现了，他带领着中国足球冲出亚洲。从中能看到的是这位父亲在儿子实现梦想的过程中担当着重要角色，他正视儿子的梦想，引导和鼓励他坚持，并一步一步地协助他实现了这个意义非凡的梦想。

第四节 让孩子的梦想"飞"起来

世界上最幸福的事情是彻彻底底地了解自己人生的追求和梦想,并依托自己天性的才华,让自己的梦想得到实现,让自己的才华得到彰显。

——杜士扬

童年是一个放飞梦想的阶段。带着对世界的懵懂认知,每一个孩子逐渐有了自己的价值取向,有了对未来的憧憬和期盼,有了人生中最纯真的梦想。

但现实中常见的是,父母无视孩子内心世界里"原生态"的梦想,把自己的愿望强加给孩子,为孩子设计梦想规划人生,用思想的"模具"锻造孩子,抑制孩子纯真的"非分之想"。对于大多数普通父母而言,他们为孩子设计的梦想就是:考一所名校,找一份好工作,有车有房。

"这是不可能的!""做你的作业去吧!""别异想天开了!"……简简单单的几句话,扼杀了无数个未来的诗人、发明家、金融家等等。梦想是成就未来的源头。中国并不缺乏有梦想的孩子,缺乏的是允许孩子做梦的父母和让梦想恣意成长的教育环境。

让孩子的梦想"飞"起来!

父母是孩子的人生第一导师,是呵护梦想的第一责任人,梦想教育应该是父母与孩子共同完成的工作。这就要求我们首先要学会倾听,放宽对孩子的约束,多和孩子平等地交流,不急于表态,不急于否定。

然而,父母想尽量随着孩子的兴趣培养他的"梦想",却容易走向另一个极端:只看重想法,而忽略了想法落实的过程。只说不做,徒劳无益。所以,梦想教育就是除了帮助孩子明确梦想,还要培养他们完成这个梦想背后需要的品质和努力,从而使梦想真正实现。

因此,我们要帮助孩子制定实现这个"梦想"的近期目标,并找出孩子现在与目标实际存在的差距,再制定具体的缩小差距的措施,最后督促孩子把这些措施落实到具体的行动上。

控制冲动、节制欲望是一个人取得成功的重要因素，它比智商更具有预测性，而且可以通过后天学习获得。父母在孩子的早期品质教育中，应将孩子延迟满足能力的培养置于重要地位。

从孩子小时候的自控、判断、自信的小实验中能预测出他长大后个性的效应，就叫"延迟满足效应"。所谓延迟满足，就是我们平常所说的"忍耐"，为了追求更大的目标，获得更多的享受，可以克制自己的欲望，放弃眼前的诱惑，说到底，它是一种克服当前的困难情境而力求获得长远利益的能力。

关于"延迟满足"实验，研究人员对一群4岁的孩子说："桌上放2块糖，如果你能坚持20分钟，等我买完东西回来，这两块糖就给你。但你若不能等这么长时间，就只能得1块，现在就能得1块！"有的孩子选择了马上吃一块糖，而有的孩子则用毅力等待20分钟获得2块糖。经过12年的追踪发现，凡熬过20分钟的孩子，都有较强的自制能力，自我肯定，充满信心，处理问题的能力强，坚强，乐于接受挑战；而选择吃1块糖的孩子，则表现为犹豫不定、多疑、妒忌、神经质、好惹是非、任性，顶不住挫折，自尊心易受伤害。

帮助孩子实现梦想，首先要培养孩子的自控力品质，让孩子在延迟满足中学会克制、学会期待、学会感激、学会珍惜、学会奋斗，体验实现梦想的快乐和人生的幸福。

一次行动胜过百遍心想。有些人是"语言的巨人，行动的矮子"。成大事者是每天都靠行动来落实自己的人生计划的。人有了梦想，就要想方设法去实现。实现梦想最重要的，就是努力。当我们有了梦想，我们就应该尽力落实行动去实现，不仅仅是嘴上说说，笔下写写。实现梦想的人，都是意志力坚强的人。一直努力坚持，过程可能会很艰辛，但是一分耕耘一分收获，一天天的积累，脚踏实地，一步一步地走向成功。

实现梦想从来不是一蹴而就的，一个人成长的根本动力主要在于自己，父母只需要帮助孩子去释放他本身的生命力。梦想一旦确立以后，唯一需要做的就是坚持到底去实现它，尤其是遇到了困难或者瓶颈，父母要做的是鼓励孩子坚持。相信孩子的力量，未来孩子成年以后即使是社会上的普通一员，他们依然有自己的梦想，依然有上进心，依然知道努力。

无论哪个年龄段的孩子，他们的梦想都弥足珍贵，让孩子拥有自己斑斓的

梦想，才能开拓属于他们的人生路。作为父母要谨记：所有的梦想都需要一个渐进的过程，不能轻视孩子的梦想，也不能暗示孩子急功近利，每一个幼小的梦想，都需要一个初步设想到牢固树立的过程。

对孩子刚刚萌发的梦想之苗，若动辄苛以参天大树般的要求，这种拔苗助长式的培养方式，容易让孩子有沮丧感。如果父母们都用这样的态度来对待孩子的梦想之苗，那么，也许孩子永远也不可能树立起坚实而稳固的梦想。

而梦想的进一步稳固，则需要父母的恒心和耐心以及博大的爱心，去帮助孩子为他的梦想持之以恒地付出努力。行动上的帮助和不断的精神鼓励是必备的，在孩子遇到困难时，应该帮助孩子克服困难，并在适当时候，给予积极正面的精神支持。

当然，梦想有成果的时候，父母应当适当地赞扬和肯定，让孩子树立起自信和品尝到梦想创造的真正乐趣。

如果孩子有明确的目标和梦想，父母清楚孩子最想成为什么样的人，那么就通过集中孩子的想象力、注意力来使其变成能够实现的目标。这样，梦想才会成为一种激情和决心，最大限度地激发孩子的潜能。孩子不断地在大脑中想象梦想实现的情景，坚定自己做事的态度和意志，并不断地为之努力，直到梦想得以实现，那么，孩子的一生将受益匪浅。

著名作家毕淑敏说，如果用一句话来总结，那就是："尊重孩子的梦想、让孩子一生幸福，就是最大的成功。"让我们的孩子，怀揣着梦想前行，即便是风雨兼程，他们也会满怀着积极向上的动力，行走在路上，并成就他自己。

一个男孩，7岁那年便在百货公司的魔术专柜前流连忘返，对专柜前表演的奇幻魔术着迷。于是，他用零花钱买下了人生中第一个魔术道具——"空中来钱"。

这个少年开始在课堂上偷偷练习"空中来钱"的魔术。有一次他在课堂上练习时，一不小心让硬币滚落到了讲台边，气愤的老师当场没收了他口袋里的全部硬币。男孩羞红着脸，站起身来奶声奶气地说了一句："老师，我要成为一个魔术师！"

小男孩的话使全班同学哄堂大笑。委屈的男孩回到家，对父亲说："爸爸，我的梦想是成为魔术大师，可他们却嘲笑我……"等他把话说完，慈祥的父亲就抚摸着男孩的头安慰说："不要生气，不要在意这些，想当魔术师就努力去学魔术，让他们对你刮目相看。"

父亲带着男孩在各大商店的魔术专柜前观摩，男孩悄悄学习魔术师的表演，用好奇的钥匙一次一次地去解开魔术的谜底。

因为对魔术的热情和痴迷，以及得到父亲的鼓励和引导，他下定决心坚持实现梦想。为了练好一个动作，他一个人在家里重复了上千遍。为了让自己的一双手在魔术表演中"呼风唤雨"，他在家用瓶瓶罐罐搞化学实验，有一次还酿成了火灾，滚滚浓烟引来了消防车。

功夫不负有心人，在不断努力练习中男孩的魔术水平得到了提高。有一天，内向羞怯的他突然站在讲台上宣布："我的魔术师梦想不会远了！"他开始表演神奇货币穿盒术，表演结束后，教室里响起了雷鸣般的掌声。他的魔术表演成功了，轰动了全校。

12岁那年，他去参加儿童魔术大赛。在与数百名强手的竞争中，他脱颖而出，获得了国际魔术大师大卫·科波菲尔颁发的大奖。父亲在他得奖后鼓励他要放下眼前的荣誉，向更高的舞台迈进。于是他继续深造魔术技术，坚持不懈地练习，就是为了实现梦想。

在随后征战世界各地的魔术表演大赛中，他获得了多次大奖，成了驰名世界的青年魔术大师，他就是大家熟悉的魔术师刘谦。

付出与回报总是成正比的。没有一颗心会因为追求梦想而受伤，当你真心想要某样东西时，整个宇宙都会联合起来帮你完成。梦想不抛弃锲而不舍用心追求的人，只要我们用行动不停地追求，努力向前，就会有梦想实现的那一天。

知心话

　　人因梦想而伟大。面对孩子的梦想，父母应呵护和引导，给予肯定和鼓励，让梦想在孩子心里生根，并明确实现梦想必须付出辛劳和汗水。

　　如果生活是一道高墙，为了梦想，我们要有翻越的勇气；如果生活是一座大山，为了梦想，我们要有攀登的决心；如果生活是浩瀚的大海，为了梦想，我们要有搏击的魄力。

第二章
尊重孩子的意愿

也许在父母眼中,孩子还小,他们的想法是幼稚的、不成熟的,所以我们会理所当然地认为孩子的一切应该顺从大人的意志。面对孩子,或许大部分父母提出过这样的要求:"你不许这样""你要怎样",当然,父母自认为有充足的理由:"我还不是为了你好"。然而,我们以爱的名义要求孩子完成某些目标时,似乎忽视了孩子的感受和他们的意愿。俗话说:强扭的瓜不甜,孩子在不愿意的情况下去妥协完成某些事情,在这个过程中他们并不快乐。在大部分家庭中,孩子们的意愿和需求很少得到尊重,小到日常的穿衣吃饭,大到择校择业。然而鞋穿在自己脚上,舒服不舒服只有自己知道,如果硬要孩子穿一双不合适的鞋,那么每走一步都会很艰难。试问穿着这样的鞋,孩子还能走多远?

孩子不是父母的寄生物,孩子有自己的想法,有自己的主见,更有自己的爱好和乐趣,父母应该尊重他们来自内心的声音,从日常生活的小事,到学习和择业,父母都没有权利代替他们选择。孩子们也有自己的意愿和需求,爱孩子的父母,还是多听听孩子的声音,问一问孩子愿意做什么,给予孩子个人自主权。

第一节 兴趣爱好孩子说了算

诚然,望子成龙、盼女成凤是天下父母的共同心愿,做父母的都想自己的孩子能出人头地,有所作为。"不要输在起跑线上"这句话刺激着我们的神经,父母为了让孩子赢在起跑线上拼尽全力,总是不经意间把自己的意愿强加在孩子身上,让孩子总以为自己是在为父母而活、为父母学习、为父母参加兴趣班,没有了自我。长期缺少独立自主的意识,随着时间的增长,孩子会变得十分幼稚和缺少人格魅力。因此,我们要尊重孩子的意愿,孩子是一个独立的个体,有自己独立的意愿和个性,不能让外在的力量左右孩子的自由发展。

常言道,想要成功,就要先拜兴趣为师。伟大的科学家爱因斯坦说过:"兴趣是最好的老师。"一个人一旦对某事物有了浓厚的兴趣,就会主动去求知、去探索、去实践,并在求知、探索、实践中产生愉快的情绪和体验。

兴趣爱好孩子说了算!家长和孩子都是独立的个体,孩子并不是家长的翻版,他不需要也没有必要去实现家长的理想,或者做家长感兴趣的事。为了让你的孩子喜欢自己和他所做的事,就必须尊重孩子的意愿。

作为父母,我们要善于发现孩子的长处,尊重孩子的兴趣爱好,给予孩子足够的自由去求知探索,让孩子的兴趣爱好得到不断的发展。即使孩子的兴趣爱好可能与我们的期望有差距,但只要是正当的爱好,我们就应该给予尊重。因为孩子在做自己喜欢的事情时,才有可能充分地发挥他的创造力和潜力,也可以锻炼其专注、认真、持之以恒的意志品质,这个过程有利于孩子成长。

上兴趣班是眼下培养孩子的热门,选择哪个班,该报读多少门课,很多家长对此都很头疼。其实,孩子的兴趣是第一位的,让孩子的兴趣爱好说了算,这不仅可以让孩子学有所成,还不会引起孩子的反感情绪。因此家长在给孩子选择兴趣班的时候,不妨换个角度去考虑,多观察孩子的兴趣点,多听听孩子的心声。当然,孩子不愿意的就不要勉强,孩子愿意学就可以适当尝试学画画、音乐或者写作,这些东西对升学或者帮助不大,但可提升人的智趣、审美和思维能力,让孩子终身受益。

不少父母望子成龙心切，不顾孩子的性格、气质和兴趣，以自己的眼光给他们设计成才之路，以为只要舍得花钱投资，自小培养，孩子就会成龙成凤。结果往往事与愿违。我们只有充分了解孩子的性情、兴趣和特长之后，尊重他们的意愿，从中发掘他们的潜力，才有可能找准孩子成长成才之道。

心理学家认为，父母与孩子说话时蹲下身子，会让孩子获得被关注、被尊重的感觉，有利于沟通理解。在事关孩子的学习、成长的道路上，我们不妨放下居高临下的姿态，蹲下来听听孩子的兴趣和想法，正视他们的长处与不足，给予他们自由发展的空间。

> 徐小平，新东方创始人之一，他有两个儿子，在加拿大出生，美国念大学，但在十五六岁之前的梦想居然都是当摇滚巨星。面对孩子的兴趣，徐小平没多说什么，只是尊重孩子的意愿送给他们吉他。孩子们天天在家里弹吉他，徐小平欣赏并鼓励着他们，也觉察到，他们身上并没有展示出巨星的特征。但他认为这没关系，鼓励孩子自由发展，鼓励他们追求自己的兴趣，不知不觉，兴趣可能会变，人生的方向也会从自由发展中找到。
>
> 果然，孩子们想成为摇滚歌星的梦很快做完了，但在这过程中，对音乐的探索，已经成为他们知识结构的一部分，会让他们受益。随后，小儿子对烹饪感兴趣，在十二三岁时，他报了一个烹饪兴趣班。徐小平听到这消息后有些震惊，还略微不高兴。不过，他很快说服了自己，不应以自己的好恶来决定孩子的人生，转而支持他。现在，他们几个男孩子出去玩，自己带着烤箱，很拉风，为自己的生活增添了一项乐趣。
>
> 小儿子的兴趣爱好广泛，不断刺激着徐小平的神经。当儿子第一次告诉他要学街舞时，他很不开心，觉得这简直是丢人。他宁愿孩子是跳芭蕾舞的王子，也不喜欢他是街头的霸王。但事实上，他又克服了自己的反感，给孩子钱去学街舞，请韩国老师来教。后来儿子成了美国大学街舞队的队员。

通过观察孩子的兴趣爱好，徐小平几乎能看到小儿子未来生活的内容了。他一定是在他所热爱的领域里工作，做他自己感兴趣的事情。

是的，即使孩子的兴趣爱好显得简单、幼稚，我们也不能因此而无视它的存在。我们应主动积极地接受和尊重孩子的兴趣爱好，而不是把我们的兴趣意愿强加在孩子身上，另外，我们还需要积极创造一定的条件和空间，鼓励孩子

发展自己的兴趣爱好。实际上，尊重孩子的兴趣爱好就是让孩子拥有快乐，给孩子发展兴趣爱好提供良好的条件。

值得注意的是，父母一旦发现孩子的"兴趣之苗"破土而出，就一定要精心呵护。不同年龄的孩子，有不同的兴趣。有些活动，成人可能觉得无聊，而孩子却觉得其乐无穷。例如，有些孩子爱玩蚂蚁，爱看蚂蚁打架、搬家。这时，我们就要陪孩子一起观察，并瞅准时机提出一些让孩子感兴趣的问题，让孩子思考回答。如：蚂蚁的身体分几部分？蚂蚁住在什么地方？蚂蚁是怎样搬运食物的？当孩子对有些问题疑惑不解时，我们要及时做出讲解，同时给孩子讲解一下蚂蚁生活的习性和各自的分工，让孩子在解答和倾听的过程中，对玩蚂蚁的活动有了更为深刻的认识。说不定孩子这些看似幼稚的兴趣会让他们成为某个领域的佼佼者。

当然，父母对孩子的兴趣爱好也不能听之任之，要给予适当的引导和帮助。如果孩子因为沉浸在某个兴趣爱好中，影响了正常的学习、生活，我们还是应该给予一定的干预，教会孩子正确对待两者之间的关系，合理安排发展兴趣和学习的时间，但要用孩子可以接受的方式，切不可简单粗暴地责备制止。

兴趣是孩子获取知识的最大动力，正确引导孩子的兴趣爱好会使孩子学习得更快乐。孩子的兴趣爱好往往和他们的特殊能力有关系，他们最大的潜力一般体现在比较感兴趣的方面。父母不尊重孩子的兴趣而盲目地为孩子选择的"兴趣班"，很有可能扼杀了孩子真正的兴趣。所以，我们要尊重每个孩子的兴趣爱好。

孩子在兴趣爱好中完成想做的事情，孩子心中感到愉悦。尊重孩子的兴趣爱好，是明智父母的选择，会让孩子的生活充满阳光，也让父母省心省力，最终的结果是双赢的。

第二节 给予孩子说话的机会

当孩子慢慢长大，他们便开始学会思考，思考着他身边的每一件事，并逐渐产生自己的想法和观点。尤其是"不听话"的孩子，他们往往思维更为活跃，对每一件事情有自己独到的看法。

在与孩子沟通的过程中，不要总是对孩子说："你这样不行""我说的话没错，你得听我的""你以后少点说话，多点做事"；而是要经常对孩子说："我认为……你觉得呢？""我觉得这样不太好，因为……""你自己有什么想法？说出来听听，我们一起商量一下。"这种沟通方法能够给孩子说话的机会，充分尊重孩子的意愿和想法，把孩子置于平等的地位。

父母千万不要忽略和压制孩子表达自己的想法，即使他们说得不到位，即使他们的想法幼稚可笑，也不能嘲笑和打断他们，不要总是以父母的思维来要求孩子，而应该让孩子说下去，允许孩子把自己的观点表达出来。如果父母能多给予孩子说话的机会，多点耐心去倾听，不急于打断孩子的话，那孩子就会乐于跟父母表达自己的真实意愿，与父母建立良好的关系。

虽然孩子无论从生理上还是心理上都无法自己照顾好自己，但是他们依然会有自己的想法，并有表达自己意见的欲望和权利。在很多时候，对于孩子来说，允许他们说出自己的意见远比无微不至的照顾重要。所以父母不妨尊重孩子意愿和想法，满足孩子的合理要求，给孩子自由活动的空间，让孩子在无拘无束中放松一下，尽情地享受童年的欢乐，这对孩子个性的发展和良好品格的形成是有好处的。

父母认识不到让孩子诉说的重要性，孩子一旦有问题，哪怕很小的错误，父母总爱以成人的思维方式去评判孩子所做的一切，把自己的意愿强加到孩子身上，不给孩子解释的机会，轻则呵斥重则打骂。孩子因失去说话的权利或者自己的想法得不到父母的重视，只好将委屈和不满埋藏在心里，长此以往，做父母的就很难知道孩子的所思所想，这样对孩子的教育就会无所适从。

> 　　眉眉，一个学习努力的小女孩，一个活泼开朗的小女孩，竟然在大街上当着无数路人的面被她的妈妈骂哭了。原因是她这次的数学考差了。她妈妈问她："你们班小夏同学考了多少呢？""97……"女孩带着点呜咽的声音回答。"那他在全校排第几名啊？"妈妈凶凶地问道。女孩儿显然被妈妈的语气吓到了，更加小心翼翼地回答说："那个，老师没说……我不知道。"
> 　　妈妈似乎被这句话激怒了，当着路人的面大声吼道："你这是什么态度，考得这么差竟然都不觉得羞愧，你不要回家了！"女孩心中的委屈与伤心交织在一起，化成泪水在脸上奔流，她边擦泪边走，速度自然慢了下来。这时妈妈又对她说了一句："走那么慢干吗呀？你不想回家就不要回去了呀！""我……""你什么你啊，你怎么这么多事啊！以后少说点话，多给我做题去！"
> 　　慢慢地，眉眉在家里的话越来越少了，而妈妈也不让她出去玩，每天放学后只好闷在自己的房间里，久而久之，她的性格也变得沉默了。

　　父母忽视与孩子的交流，不重视孩子的倾诉，时间久了，不良的影响就会表现出来，因为孩子不能表达自己的意愿而乖乖地"听话"是一种痛苦。其实，给予孩子表达意见的机会并解决孩子的问题对加深亲子关系大有裨益，可以增加孩子的自信心和安全感。

　　与人沟通的过程需要用心听对方的意见，归纳对方谈话的要点，然后提出自己的意见。其实，和孩子沟通也是一样，父母首先应该站在听众立场上用心倾听孩子的意见，然后心平气和地跟孩子沟通和交换意见，对孩子不能准确表示出来的意见，替他们做补充说明。在这个过程中，孩子能集中注意力听父母讲话，同时父母也可赢得他们的心和他们的尊敬。

　　曾经有一档电视节目，由身份、年龄不同的嘉宾分成若干组相互配合完成各项游戏。其中有一个问答环节，是看完一段短视频之后回答指定问题。视频介绍了瑞士"国宝"圣贝尔纳犬，它们是瑞士阿尔卑斯山区救生员身边最得力的助手，曾解救了众多雪山遇困者，脖子上常年挂着一个印有红十字标识的小圆木桶。

　　主持人要求每组嘉宾根据视频内容回答问题，问题是圣贝尔纳犬脖子下面的小木桶里装的是什么。每组嘉宾内部各自展开讨论，最后给出自己认为正确的答案。有的组说是水，有的组说是食物，有的组说是急救医药品。然而主持人公布的答案却是烈酒，并解释装烈酒的原因是让雪山上冻僵的遇困者饮用，用酒驱寒。很遗憾，没有任何一个组给出正确答案。

　　这时，其中一个小组的组员说出了一个细节，组内一个十几岁的小女孩曾在讨论的时候说过小木桶里装的是烈酒，但是组员们并没有重视一个小孩子的意见，更没有想过把她的意见当作正确答案来理会。

　　也许从许多父母嘴里，常会有意无意地说出这样的话："大人说话小孩不要插嘴！""这是大人的事，小孩子懂什么？"有不少孩子看似性格随和不争不抢，在家庭中扮演的永远都是"你们来决定就好"的角色，因为他们的情感没有被父母重视，他们对事物的主张没有被父母认可，他们内心的呐喊，淹没在大人喧闹嘈杂的世界观里，渐渐地，他们就有这样的心理暗示："我的观点和感受并不重要，你们都是对的，我听你们的就好了。"

　　诚然，大人与孩子就像是两个世界，一个阅历丰富，一个涉世未深，但这并不代表孩子对事情产生的意见或情感就毫无作用，可以置之不顾。

　　父母要认识到孩子是家庭中的重要成员，当家里有什么事情，不要因为孩子小就忽视他们的意见和想法，而应该平等地对待孩子，尊重他们的个人意愿和想法。或许有的父母认为，孩子还小，平时经常给家人添乱，让他们发表意见只会使事情变得更糟糕，于是就忽略和压制孩子的想法。由于没有摆正尊重孩子意愿的心态，当孩子说得有道理时，父母也不会给予尊重和支持，反而嗤之以鼻；而当孩子的想法听起来幼稚可笑时，父母却嘲笑和打击他们。孩子和父母在家庭中的地位应该是平等的，父母在决策之前，不妨听听孩子的意见。

　　主动与孩子沟通，让孩子有表达自己想法的机会。当孩子表示不满或者反对的时候，我们不妨心平气和地给孩子解释，争取孩子的理解，而不是强制孩子服从甚至恐吓孩子。当事情与孩子密切相关时，我们应主动跟孩子沟通，听取他们的意见。例如："孩子，有件事与你有关，我们想听听你的想法。"当事情关系到整个家庭时，也可让孩子知道，并鼓励孩子发表自己的意见，告诉孩子："这件事情非常重要，妈妈想听听你有什么想法吗？"有时候，孩子的看法能对整个事情产生重大的影响，即使是孩子，也有可能说出很有价值的想法启发父母做出好的决策。作为父母，不要因为孩子不懂事就否定孩子的一切，应给予他们说话发表意见的机会，并尽量尊重孩子的意愿。

第三节 让孩子自己做决定

现实生活中，许多父母为孩子操碎了心，总是觉得自己的孩子还小、不懂事，习惯性地替孩子做各种决定，从决定学校、专业、工作到选择配偶、在哪儿买房、什么时候生孩子……在父母看来，只有自己帮孩子做决定，孩子才不会吃亏走弯路、不会摔得头破血流和做出后悔的决定，他们对孩子没有信任，只有不放心。

亦舒说喜欢一个人，就总觉着他是天底下最笨的，处处都要人操心。的确，为人父母的都认为孩子是长不大的，永远需要自己去操心照顾。

作为父母，我们无法预计未来发生的事，更不能保证替孩子做的决定就一定是正确的，既然是这样，我们何不试着放手让孩子学会自己做决定呢？

马伊琍在谈子女的教育问题时，曾分享这样一件事，她的大女儿爱马提出要打耳洞，征得爸爸文章同意后，马伊琍便开始寻找安全卫生的穿耳点。当她准备接女儿下课带她去时，忽然想起自己高二时穿完耳洞一直发炎鼓起小包，马伊琍随即打电话给医生，医生称："有很大可能遗传，建议不打。"马伊琍便把医生的话告诉女儿，让女儿自己考虑清楚再做决定，爱马掂量了轻重后，最终放弃打耳洞。明星妈妈马伊琍平等对待孩子，跟孩子讲清利害，让孩子自己做决定，尊重孩子的意愿。

做父母的应该明白，事事帮孩子拿主意，虽然为孩子提供了比较优越、舒服的环境，却让孩子失去了独立性。要知道，依赖一旦成为习惯，就很难改掉。如果想让孩子有一个好的未来，就应该让孩子及早学会自己做决定。我们可以在孩子有了我愿意做、我会做的表示时，就开始让孩子在限定的范围中自己做决定，父母只做正确的引导，这样不仅能够避免他们走偏走歪，也可以及早锻炼他们独自判断、做决定的能力。然后随着孩子的成长父母应逐步放权，等他们成年后，就可以完全让他们自己拿主意，自己对自己负责。

常智韬，别名猫爸，资深媒体人士。常智韬践行"因材施教"的教育原则，主张对子女采用个性化教育，他尊重孩子的意愿，用民主、宽松的教育方式培养出了"哈佛女儿"，被媒体称为"猫爸"。

常智韬分享了一套"家教三段论"，即孩子10岁前是规矩养成阶段；初中毕业前要和孩子讲规则，但没有清规戒律；青年叛逆期，父母则需要按照孩子的游戏规则出牌。到了10岁以后，父母与子女间要有一个互动，孩子这时自我意识开始觉醒，掌握了一定的知识技能，父母要教给他们的是自己成长的意识和本领，需要给孩子做一些引导，给孩子自由的空间，让他们尝试对一些事情自己做决定。

"猫爸"跟女儿常帅进行过一次谈话，告诉她：是自己愿意去遵守一些游戏规则的，能分清轻重缓急的，比如学习是第一位的任务，没有讨价还价的余地，你学习很自觉，就让你自主决定一些事，如果给了你自主权你用得很好，可以给你更大一些。给孩子自主权会形成一个良性循环，常帅的自信心、被信任感、被欣赏感增强，她觉得自己是被爸爸妈妈信任的，所以对自己也会有要求，要争取更大的自主权，就会要求自己做到最好。

"猫爸"尊重孩子的意愿，常帅学舞蹈是自己选择的。每周要去三四次，一练就是两个小时，常帅坐公交车去少年宫，有时在公交车上抱着杆子就睡着了。高二出国交流时她也参加舞蹈社团，在美国上学，每周跳三次现代舞。孩子对自己选择的东西非常热爱，也非常坚持。

在常智韬看来，孩子的成长除了知识的学习和技能的提高外，还包括心智的发展和心理的健康。父母应该做的是给予孩子健康的成长空间，尊重孩子的意愿，让孩子真正体验到在学习中成长的快乐。

给孩子自主选择的权利，孩子会觉得受到尊重，从而自觉收敛自己的不良行为，这样的教育，才会事半功倍。同时，我们把小小的选择权交给孩子，孩子对我们感激的同时，也让他（她）拥有了一个可以自己做主的童年和人生。

我们常常认为替孩子做决定是我们做父母义不容辞的责任，但是我们忽略了一件事情，孩子虽小，但是他也有自己的想法、喜好和判断。他们可能比父母更清楚自己喜欢什么，擅长什么。

属虎的美籍华人蔡美儿,将父辈的森严家规一脉传承,和两个女儿约法N章,简直可以用苛刻来形容,于是就有了"虎妈"称号。"虎妈"蔡美儿在子女教育上充满了耳光、辱骂和超负荷练习,却教出了两个很优秀的女儿——大女儿14岁把钢琴弹到世界音乐圣殿,小女儿12岁当上了耶鲁青年管弦乐团首席小提琴手,还保持着门门功课皆A的全优记录。

有一次他们到俄罗斯旅行。在一家咖啡馆内,蔡美儿让小女儿露露尝一粒鱼子酱,她不同意。面对妈妈的坚持,露露发疯似地说妈妈令人恐怖,要她做的这一切实际上是为妈妈自己,她讨厌小提琴,憎恨这个家,并抓起玻璃杯砸碎在地上,发誓称如果妈妈不放过她,她就要砸掉所有的杯子!这件事让蔡美儿最终想清楚,当孩子已经长大时,应该尊重他们的意愿,把一些选择权还给她,让她做自己真正喜欢的事。后来蔡美儿同意露露辞去首席小提琴手的职务,打她自己喜欢的网球。

蔡美儿认为,她这种外人眼中有些严苛的教育,实质上是掌握孩子人生的最初"选择权",随着孩子逐渐成熟,有了自己做出选择的能力,父母就应该放手把选择权还给孩子。

"虎妈"蔡美儿的严苛教育方式的确与"猫爸"常智韬的民主宽松教育方式形成鲜明对比,最终还是以尊重孩子的意愿为基础,把选择权还给孩子,让孩子做自己喜欢的事情。

很多时候,父母认为自己所做的,都是为孩子好,其实那都是父母一厢情愿的想法。对于孩子,我们做父母的出发点都是一样的,都是出于对孩子的关心和爱护,让他们快乐,让孩子不受到伤害。对于孩子的独立个体,我们很多父母不觉得孩子有什么个人意愿,小孩子都得听父母的,所以孩子能做的事情父母替他们做了,孩子不想做的事情,在父母的"谆谆教导"下,孩子没有办法只能屈服了。

孩子的主动性往往是从内心产生的,如果我们替孩子做出的决定并不是他感兴趣的、愿意做的,他就会很容易厌倦,产生负面情绪,而如果是他自己经过考虑后做出的决定,他就会更认真对待,坚持的时间也会更长,更容易成功。

孩子有自己成长的需求,有自己的独立愿望,有渴望摆脱束缚的权利。那我们为什么还要牢牢攥着那些"选择权"呢?为什么还要把我们的意愿强加于

孩子身上呢？

其实孩子再小也是一个独立的个体，也有独立人格，我们应该平等对待。他们也有自己的想法，做父母的要跟他们平等沟通，尊重他们的想法，尊重他们的选择权，给孩子提出合理化的建议，让孩子学会明辨是非。放手让孩子去决定自己的人生，孩子将会拥有一个汪洋恣肆、色彩绚丽的人生。

如果我们让孩子做决定，就应该尊重他的决定。在生活中，越来越多的父母在做决定前都会循例问问孩子的意见，这种做法应该给予肯定，但是对于孩子的意见他们却显得不那么尊重，因为他们总会试图说服孩子做出改变。

暑假期间，有一位妈妈想让孩子报个兴趣班，她特别"民主"地让孩子自己选择一个喜欢的兴趣班，孩子考虑后选择了围棋。这时这位妈妈就自动开启了"说服模式"，以各种理由来否定孩子的选择、诱导孩子去选择她认为更重要的数学兴趣班。

如果我们认为孩子小，还不足以做出正确的决定，作为父母，我们可以在与其沟通后，指导他们做出决定。但是如果一旦我们同意了，让他自己做决定，那么就应该信任和尊重他的决定，不要横加干涉。

零花钱是父母给予孩子自主零花的财产，孩子可以用它来满足自己的消费欲望。父母在尊重孩子自主零花的基础上，可以提一些建议，但父母管得过严，孩子买什么东西都要听父母的，那么孩子就像是一只"储蓄罐"，完全失去了利用零花钱来培养其精明消费和理财本能的意义。父母要清楚，孩子在用零花钱上走一些弯路，也是让其积累经验的必由之路。例如孩子被"喝饮料，赢大奖"的宣传所吸引，一口气拿出所有的钱买了饮料，最后发现什么奖也没有中，他会反思刚才的冲动，学会对自己负责，下次做决定时，就会变得更加的谨慎。

我们都希望孩子做出的选择是正确的，每一个决定都能让他们变得更好。但是我们也要认识到，即使是孩子错误的决定也是成长的一部分，也是一种人生经历，它会教会孩子怎样对自己的人生负责。

对于大多数父母来说，不肯放手的最大的原因是不放心，害怕自己一放手，孩子就会走错路，学坏了。但是，我们不可能陪着孩子一辈子，更不可能帮他们规避所有的风险和失败，只有让他们学会自己做决定，让他们学会思

考，才能在以后的决定中规避风险。

第四节　保护孩子的"隐秘世界"

很多父母在教育孩子的过程中，并没有意识到自己的孩子正在长大，忽略了孩子也有自己的秘密。他们总认为自己是孩子的父母，就可以不用顾及孩子的意愿，任意地进入孩子的房间、随意闯入孩子的隐私地带，私拆孩子的信件、监听电话、偷看微信和日记等。然而，孩子大了，心中自然会有不愿意告诉他人的秘密，他们渴望被尊重、被承认，因此我们要尊重孩子的意愿，保护他们的"隐秘世界"。

父母可能会这样认为，孩子是自己亲生的，在父母面前不应该有隐私，希望孩子是透明的，能让他们看得清清楚楚，而孩子们却不这样想。千万不要以为"请勿打扰"这四个字只会出现在宾馆门口，实际上，很多孩子也会在自己房间的门上贴上这类话语："请勿打扰。有事请先敲门。"

现实生活中，很多父母并没有深刻地认识到孩子也有秘密的这一点，对孩子的一切都想了解，总想让孩子在自己的控制下成长，按照自己的理想轨迹长大。

> 一位母亲担心女儿结交一些不三不四的朋友，经常跟踪女儿，并且随便拆开女儿的信件来看。女儿发现了并提出抗议："这是我自己的私人物件，未经我同意，你不可以看的，这是个人隐私。"这位母亲却说，"你才多大呀，还是小孩子就开始有隐私了？我是你妈妈，我都不可以看那给谁看啦？从小到大你的一切我都熟知，以后有什么都要让我知道，不许有秘密！"女儿委屈地跑回房间哭了起来。

有的父母往往出于对孩子的关心和爱护，未经孩子同意，千方百计地窥视孩子手机信息、日记和信件等，却没想到这种"关心"侵犯了孩子的隐私权，影响了孩子的心理健康。

　　无论是纷繁的现实世界还是虚拟的网络世界，都有很多不安全因素，孩子还小，自控能力差，需要监督与保护。于是，大多数父母出于爱护去"偷窥"孩子的秘密，或许他们也知道自己这种偷看行为会伤害孩子的自尊心，只是在"两害相权"时觉得牺牲孩子的隐私权更"轻"一点。

　　如果孩子的隐私权常被侵犯，父母又不善于补救，这样孩子容易对父母反感、不信任。一旦双方形成隔阂，再对孩子进行有效教育就会困难许多。或许，父母有这样的疑问，那孩子的隐私就不能过问了吗？其实，孩子的隐私权与父母的监护权本是一体的，前提是有良好的沟通作为桥梁。沟通是相互的，父母理应主动起到主导作用，注重平时的交流，特别是在充分尊重孩子意愿与隐私的基础上，平等对话、交流情感、循循善诱，让孩子主动敞开心扉，如果孩子真把父母当成最知心的朋友，我们还有必要去干那些偷偷摸摸的事吗？

　　哥伦比亚大学教育心理学教授金伯利·肖内特认为："青少年时期对隐私的需要超过他一生其他时期，甚至成年期。如果你认为隐私对你很重要，那么它对你的孩子更重要。"作为父母，未经孩子同意，就随便看他们的东西，这对他们是一种不尊重。如果想看孩子的日记，就必须征求孩子的意见，但是孩子不同意的话，请尊重他们，不强迫孩子接受。孩子需要有自己私人的时间和空间，父母应给予尊重。父母应该平视孩子，走近孩子，多与他们沟通，了解他们的内心世界，解决他们的烦恼，给他们一片快乐纯净的心灵空间。

　　当然，对于孩子的隐私，父母要给他们一个自由的空间，但并非放任自流，如果有一些不健康的因素在腐蚀着孩子们的心灵，如结交一些不三不四的朋友、养成抽烟喝酒的不良嗜好、早恋等等，父母要给予充分的关注，积极的引导。父母在日常生活中要注意观察孩子的言行，及时掌握这些属于孩子"隐秘世界"的蛛丝马迹，在尊重孩子的基础上，多与孩子交谈，引导孩子自己悟出为人处世的道理，提高孩子遵守规则的能力。

　　越希望掩盖某个信息不让别人知道，却越勾起别人的好奇心和探求欲，反而促使别人试图利用一切渠道来获取被掩盖的信息。这种由于单方面的禁止和掩饰而造成的逆反现象，即心理学上的"禁果效应"。

　　在现实生活中，禁果效应也是屡见不鲜的，我们在教育孩子时，不宜硬性

禁止，应该善于做疏导教育。禁止的事情要说明禁止的原因，了解孩子的内心世界，让孩子觉得我们能了解他们，能站在他们的角度，用他们的观点和思路去分析面临的情境。只有这样，禁果效应才会降低强度。

著名演员陈道明和妻子杜宪平时与女儿平等沟通，平和相处。有一年暑假，女儿格格出国读书回来，半年没见，这次女儿给杜宪一种很直接的感觉就是孩子长大了。格格这次回家和妈妈还是那么亲热，但她总是把自己一个人关在房间里。杜宪想和女儿沟通，却不知道女儿到底在做什么。一天夜里，杜宪无意中看了一眼女儿的电脑屏幕，她看到了女儿正在做的一幅动漫，上面有个女孩坐在星夜的窗下托着腮好像在想什么，画面的背景是用粉色的心形连成的。杜宪联想起女儿这次回来的变化，心想女儿可能在谈恋爱。

陈道明听了妻子的话，也感到很意外，但他很快就释然了：女儿大了，青春期对异性的好感，有自己的小秘密，这些也是正常的，关键是不能够让青春期的这种朦胧感情干扰了学业及心情。陈道明和杜宪决定，应该和女儿谈谈。

第二天，陈道明夫妻带了格格出去吃小吃，等格格吃饱了之后，陈道明认真地对格格说："这里是我和你妈妈谈恋爱的时候经常来的地方，不仅便宜实惠，味道还很鲜美。我们今天带你过来是想和你好好地聊一聊。二十年前我和你妈妈因为人生的目标、志趣相投，我们觉得彼此是可以托付一生的人，于是走到了一起，共同创建了一个家，还拥有了你。爸爸只想告诉你，你现在还小，思想还不成熟，很难承担得起人生中最美好的爱情所赋予的责任，所以爸爸妈妈希望你能够再过几年没有压力没有忧虑的日子。"

陈道明一口气说完这么多话的时候，格格早已泪流两行。她没有想到父母居然知道了自己的小秘密，更没有想到，父母会这么用心良苦地尊重自己。在那一天，她明白了自己现在最重要的是多学习，多孝顺，努力为将来的美好爱情增加筹码。

陈道明夫妻在尊重女儿隐私的前提下，以平等的姿态主动跟女儿交谈，用自己的经验让女儿明白自己不应该早恋，培养女儿自我教育的能力。

父母要了解孩子对"受人尊重"的需要，保护孩子的自尊心，尊重孩子的隐私和秘密。父母应主动找孩子交谈，试着去了解他们，与他们沟通、闲聊，达到与孩子情感上的沟通，营造家庭中平等、民主、温馨的气氛，鼓励他们与父母共享心灵，使孩子感到自己和父母之间不仅仅是血缘上的亲子关系，更是生活中可以信赖的朋友。如果孩子能够把父母当作朋友，自然愿意把自己的心里话和父母说，这肯定是好事。要是孩子有小秘密并不愿意和父母说，那我们也应该尊重孩子的意愿，尊重孩子的隐私，把孩子当一个成人一样尊重。

第五节　用尊重成就孩子

如果孩子在被尊重的环境中成长，他自然而然地就会自尊自爱，同时也会尊重他人。

想让孩子帮忙，作为父母我们要学会说"请"字，孩子帮了忙，学会说"谢谢"；我们误会了孩子，说错了话，也一定要向孩子道歉，说声"对不起"。其实，父母做得不对，或不能实现自己许下的诺言时，如果能向孩子说一声对不起，并向孩子解释清楚情况，可以帮助孩子建立自尊，同时能培养孩子尊重人的习惯。

在生活上，父母相信孩子有能力处理自己的事情，要孩子学会自己的事情自己做，这同样是尊重孩子的表现。

父母不要总希望控制孩子的一举一动，要真正了解孩子，就必须尊重孩子。很多父母抱着传统的观念，把父母摆在权威的角色，孩子屈服于父母的威严，完全没有感受到被尊重，更不懂得如何去尊重别人。其实，要让孩子获得被尊重的感觉不是很难，父母在日常生活中就可以实现。例如，进入孩子房间应该先敲门，移动或用孩子的东西应该得到他的允许，任何牵涉到孩子的决定应该先和孩子商谈，不要随意翻看孩子的日记，应该尊重孩子的话语权等。

有时我们以自己的喜好去安排孩子的生活，却没有想过孩子是不是愿意，这是不是很自私？而当我们尊重孩子，理解孩子时，得到的往往会更多。如果我们多一些被尊重，多一些尊重别人，那我们的生活是不是会更加幸福快乐呢？

> "晴格格"王艳最大的育儿心得就是和儿子做朋友,尊重孩子,不强求孩子听大人的,以身作则,用自己的行为潜移默化地影响孩子。
>
> 她儿子球球对玩具有自己的玩法,如果按说明书上的玩法教他玩,他是不听的。如果硬逼着他,拉住他的手教他,他就会很生气,会甩开王艳的手。这个时候,王艳就得换个方法,婉转地、很巧妙地去吸引他。王艳有时很奇怪,有一些玩具是转着玩的,儿子为什么不这样玩,老是有自己的想法,后来她想,可能他觉得他的玩法就是对的,那就让他按照自己的想法去玩吧。从这件事情上,王艳学会了换位思考,从孩子的角度来考虑他的想法,而不是生硬地告诉他,你这样是不对的,应该那样做。
>
> 在教育孩子方面,王艳认为:"我觉得首先要尊重孩子,给孩子足够的空间;其次,我会从小让他学会自己的选择自己承担,不会因为他是我孩子就一味纵容,这不是爱。要让他知道,在同龄人来看,他和其他的小朋友是一样的,不会因为爸爸是谁、妈妈是谁,而有任何的不同。做错事一样要道歉,游戏输了一样要接受惩罚。"

"晴格格"王艳的育儿经验提醒我们,父母需要不断学习如何去尊重并信任自己的孩子,让他懂得平等与独立。

如果父母能做到学会尊重孩子,那就等于给了孩子自由的空间,让孩子享受着心灵上的自由,让他们自由成长。拔苗助长不可取,每个孩子都有自己到达成长里程碑的时刻表,不能一刀切。

自从综艺节目《爸爸去哪儿2》播出后,乖巧、懂事、体贴、有担当的多多除了赢得小伙伴的爱,还俘虏了众多观众的心。黄磊对女儿多多的教育,该严格时就会严格,刚中带柔,并以一种开放的教育观来引导。

黄磊在接受采访时曾说,女儿是上天赐予自己最好的礼物,所以他也要把最好的礼物送给女儿。在黄磊眼中,最好的礼物就是,培养孩子良好的性格和心态,放飞他自由的心灵。

据悉,黄磊最感谢父母给了自己自由的成长空间,从不强迫他做不想做的事。有感于此,黄磊夫妇也决定给孩子心灵上的自由,基础就是良好的沟通方式。

其实,父母应该给孩子自由,让他们开心愉快地去发现这个世界,可以让他们自己去探索，不需要父母事事参与，不过父母可以起到一个引导启迪的作用，让他们学习如何享受每个时刻的快乐。一个孩子做事和说话很新颖、很恰当的时候，我们会赞美他很有灵性，只要我们给了孩子自由的空间，他们会很富有创造力的。很多父母会发现，孩子小时候思维很活跃，很有创造力，但随着年龄的增长，这种创造力反而会慢慢减弱，主要是因为他们受到的制约越来越多，没有了思维自由。当然，每个孩子都是艺术家，问题在于我们父母能不能让他们长大后依然是个艺术家。让我们一起学会尊重孩子，把自由还给他们，让他们年幼的心灵能够自由翱翔。

每个人都需要尊重，而孩子更需要成人的尊重和信任。作为父母，对孩子要爱护尊重有加。孩子的模仿力、想象力和创造力都非常强，他们幼小的心灵充满了对事物的好奇，有自己的疑问和看法。作为父母，应该从孩子的角度出发，蹲下身子，耐心倾听孩子的声音，让孩子感到父母重视他，欣赏他，不仅这样，还要努力营造和谐愉悦的家庭氛围，父母尊重孩子，孩子尊重长辈，让孩子敢说、愿说、乐说，积极地表达自己的想法。如果父母习惯于尊重孩子的意愿和想法，也会让孩子懂得理解别人、尊重别人的重要性，于是孩子才会尊重别人的意见。

尊重别人必须具备高尚的情操和磊落的胸怀。当我们用诚挚的心灵使对方在情感上感到温暖、愉悦，在精神上得到充实和满足，我们就会体验到一种美好、和谐的人际关系，那我们就会拥有许多的朋友，并获得最终的成功。

知心话

尊重孩子的意愿就是尊重我们自己!

作为父母,我们不妨少说"我们为你安排了什么",而多问问"孩子,爸爸妈妈这样做怎么样?"或者问问"孩子,你想怎么样?"我们不妨换位思考,尊重孩子的意愿,与孩子平等相待,给孩子自由发展的空间,用尊重成就孩子。

第三章
温暖孩子的心灵

　　或许，在我们的印象中，家是让人感到最温暖、最安全、最放松的地方，人人都需要家给予的一切，其实孩子更是如此。父母保障孩子的物质需要，安排好孩子生活的吃喝穿用，这是应尽的义务，也是向孩子传递家庭温暖的最佳时机。孩子的成长不仅需要物质上的支持，同时还需要精神上的温暖。作为父母，我们用爱保证孩子所需的精神营养。在孩子需要我们的时候，我们能够帮助他；在孩子失落的时候，我们能够鼓励他；在孩子犯错误的时候，我们要耐心地与他沟通；在孩子迷茫的时候，我们能够引导他；在孩子做对的时候，我们能够赞赏他；在孩子获得成功的时候，我们能够与他分享……因为有和父母共同做过的手工，读过的书，还有一起埋葬的小乌龟，一起放生的小鲤鱼……让孩子感受到爱的存在、爱的温暖。无论我们有多忙，无论我们身在何处，都要挤时间陪孩子。即便有时不在一起生活，孩子要很长时间才能见到我们，也需要保证每天和孩子通个电话，尽管有时只是三五分钟，但要让子女听到我们的声音，因为父母的声音和关注，对于孩子是一种精神慰藉，一种强大的力量。

　　大爱无痕，用爱来温暖孩子的心灵。父母的爱是世界上最温暖，最伟大的爱，虽然它很平凡，但是很伟大。不论孩子多大，不论孩子成绩如何，不论孩子优秀不优秀，他们都是父母的心肝宝贝，他们都需要父母的呵护与温暖。孩子对于父母的依恋不仅仅在于身体，更多的是在于心理，无论孩子在何处，心永远记挂那个有父母的家。父母要留心孩子生活中的点滴琐事，对孩子进行及时的指导、鼓励，每个关键时刻父母都应出现在孩子身边，用爱、关怀、微笑和拥抱，温暖孩子的心灵。

第一节 大爱无痕，一缕阳光

踢猫效应，描述的是一种典型的坏情绪的传染过程，即人的不满情绪和糟糕心情，一般会沿着等级和强弱组成的社会关系链条依次传递，由金字塔尖一直扩散到最底层，就会形成一条清晰的愤怒传递链条，最终的承受者，即"猫"，是最弱小的群体，也是受气最多的群体。踢猫效应告诉我们，人的情绪会随环境和其他外在因素的刺激而发生变化，当不好的事情使自己情绪变坏时，要在潜意识中控制自我的情绪，不要将这些不良情绪发泄到他人身上，让他人产生和我们一样的不良感觉。

作为父母，我们都想自家的孩子能健康快乐地成长，希望培养一个身心健康的孩子。那我们要做个快乐有智慧的父母，同心协力建立安全、和谐、温馨的家庭环境，营造"爱"的家庭氛围，让家成为每个孩子温馨的避风港，让孩子在温暖快乐的家庭里健康地成长。

苏霍姆林斯基说得好："童年时代得不到温暖和欢乐的人，长大以后就会成为冷酷无情的人，还会走上犯罪的道路。"如果孩子在家庭里能得到温暖和理解，哪一个会愿意冒着生命危险离家出走？在物质生活水平日益提高的今天，孩子的物质需求大多都能得到满足，于是他们更加追求精神上的、情感上的温暖，更渴望父母能给予无条件的爱。心灵上的温暖对每个孩子来说，都是十分必需、非常珍贵的。

父母的爱对孩子健康成长非常重要。孩子对父母的爱的感知，决定了孩子心理状态是愉快、乐观，还是孤僻、胆小、忧郁。父母与孩子之间足够的情感互动，是孩子道德观以及自我评价的源泉，也是孩子向更高层次智力思考迈进的基石。孩子的成长过程和父母"爱"的关系最重要。很多父母不知应如何向孩子表达爱。在实际生活中，有相当一部分父母确实以爱的名义去爱孩子，但没有把握好爱的尺度，或爱过了，或爱错了。

天下父母没有不爱孩子的，但是在爱孩子的过程中要有分寸、有原则，要能自觉地控制自己的感情，克制那些无益的激情和冲动。然而，我们有些父母，尤其是相对年轻的父母，在对待孩子的问题上，往往缺乏应有的"分寸"，他们对待孩子往往是无原则的，过分地宠爱。有的对孩子姑息迁就，任其发展；有的只知道想方设法满足孩子的锦衣美食，却不懂得给孩子良好的精神食粮和思想营养。这种"爱"是盲目的，势必把孩子惯坏、宠坏，不利于孩子成长的。所谓"爱之深，责之切"，讲的就是，严格要求正是出于深切的爱。所以，做父母的不应该受盲目的爱所支配，要"严"中有"爱"，"爱"中有"严"。当然，严格要求并不意味着对孩子动辄训斥打骂，而是要以合理为前提，而且，态度也应该是耐心的、循循善诱的。

父母对孩子的疼爱一般超过爱自己。"可怜天下父母心！"爱孩子是人的本能和天性，这固然没有错，不过爱要讲究方式方法，要让爱如阳光般温暖孩子的心灵。

爱孩子就请允许孩子犯错。教育家马卡连柯说过一段经典的话："一切都给孩子，牺牲一切，甚至牺牲自己的幸福，这是父母给孩子的最可怕的礼物。"很多父母总是害怕孩子犯错，孩子做任何事情他们都要插手，害怕孩子犯错误容易受到伤害，却不知道如果不给孩子犯错的机会，孩子受到的伤害将会更大。男孩子一般比较淘气顽皮，如果与其他孩子闹矛盾，发现孩子回来不高兴，我们不要马上质问他又和谁打架了，而是坐下来和孩子交流，了解事情的经过。如果事情不严重，我们要耐心地给他们讲述如何与小朋友相处；如果事情很严重，我们用语言引导他们，错在哪里，让他们自己找到自己的错误。很多时候他们自己明白了就会羞红了脸、低下头，这时候我们的教育就达到效果了，他们会主动向别人道歉。"失败乃成功之母"，没有经历过错误和失败，孩子将永远无法进步。

爱孩子就请给孩子自立的机会。要想孩子成才，父母绝不能事无大小全包办，要顺其自然，让孩子走自己的路。如果父母每件事都事必躬亲，都为孩子操劳，孩子成了"饭来张口，衣来伸手"的小皇帝、小公主，事事依赖父母，连基本的生存能力都不具备，这样的孩子也是不完整的。孩子是一个独立个体，终究要离开父母独立生活，生活能力和自理能力是伴随孩子一生最基本的生存本领，所以父母要培养孩子独立自主的习惯。让孩子养成独立自主的习惯，就需要父母给孩子独立自主的机会，把孩子应该自己完成的、能够做到的

事情，以及他们应该承担的对自己、对父母、对家庭、对社会的责任都要让他们自己负责，给孩子独立面对社会的机会，让孩子成为真正意义上的独立的人。"实践出真知"，让孩子"自食其力"的秘诀是给孩子选择的自由，自由选择的结果由自己负责。如果孩子丧失了自由选择的权利，或者他们所做的事情完全出于他人的强迫与指令，那么，孩子就很容易学会"应付"与"随便"的不良习气，孩子就会缺乏主见。在家，父母要激励孩子选择自己喜欢的事去做，自己能做的事情自己做，他们实在做不了的我们再协助性地插手。爱孩子就让孩子做其力所能及的事情，让他们自立，温暖他们的心灵，只有这样孩子才能变得更加坚强。

爱孩子就请接受孩子的不完美。"金无足赤，人无完人"，世界是不完美的，人也是不完美的；没有完美的成人，也没有完美的孩子。既然一切都是不完美的，那我们作为父母也不要强求自己的孩子事事都做得十全十美。所谓成长，就是完善自己的不完美之处。如果不能接受孩子的不完美，那就是不接受孩子的成长。在一些父母的思想里，孩子的不完美之处，正是自己的操心之处，也就是自己对孩子进行深刻教育的地方。因此，只要发现孩子不完美，就开始对孩子唠唠叨叨，拿起大剪子，对孩子修修剪剪，这样的教育是不适当的。每个人都是优秀的，每个人都有自己擅长的方面。有的孩子学习好，有的孩子体育好，有的孩子口才好。家长要认清自己孩子的优势，帮助他把优势发挥到极致，那孩子就成功了。我们应该这样去爱我们的孩子，根据孩子的兴趣，不断鼓励，用发现的眼光看待孩子，温暖他们的心灵，那么孩子就能越来越完美。

爱孩子就请不要只看重分数。我们对孩子的教育不能只看重智力和分数，因为决定人生成败或幸福与否的往往不是学问的高低，而是人格的健康水平。行为习惯是影响人格发展的重要因素之一。由于应试教育的存在，分数成了很多父母评判孩子是否优秀的唯一标准。其实，分数只是孩子学习过程的一种体现，并不是全部，一次分数的高低也不能代表孩子学了多少知识。了解孩子学习过程远比分数、名次重要，因为学习过程才能真正体现孩子是如何学习的，这才是最真实、最有效的。孩子是纯真的，什么事都写在脸上，考试如果考不好，回到家就会垂头丧气，发现孩子这样我们要学会笑脸相迎，平和地告诉他：分数不重要，重要的是从中找到错在哪里，避免下次再犯。在孩子本来就已经很伤心的情况下，作为父母，我们要帮助孩子将伤口愈合。在孩子考得好的情况下，我们不是跟着他们一起欢天喜地，而是和蔼地告诉孩子：不要骄傲，要积累经验，强中还有强中手，要继续努力。

真正爱孩子就要在孩子的成长中不露声色地给予指引和鼓励，让孩子在不断实践中积累成功的经验和失败的教训，从而形成较强的学习能力、生存能力以及为人处世的能力，为孩子长大之后能够展翅高飞锻炼更强壮的羽翼，这样他们才能够飞得更高、更远。

> 美国总统奥巴马在政坛是一名叱咤风云的人物，他在生活中也是一名合格的父亲，他的家庭教育方法是要让孩子们感觉到被爱，感觉到温暖。
>
> 奥巴马夫妇会用各种方式来表达对孩子们的爱，他们手拉手滑旱冰，高兴时击掌庆贺。萨莎偎依在她父亲的腿上，观看姐姐参加的足球比赛。奥巴马夫妇对孩子们的世界表现出极大的兴趣，当萨莎排练舞蹈，或者玛丽娅和她的篮球队友们一起玩耍时，母亲往往在一旁关注她们。母亲在记事本上记录了很多孩子们玩耍的情形，她喜欢参与孩子们的校园生活，并且和老师保持良好的沟通。作为第一夫人，米歇尔说，我已经找到了平衡点，虽然每天日程都排得满满的，我仍然有时间待在家里辅导她们的家庭作业。
>
> 奥巴马引以为自豪的一件事是，在他竞选美国总统长达21个月的选战中，他居然没有错过任何一次家长会。即使家人不住在一起，他们每天晚上都会打电话保持联络。孩子们可以感受到父母的想念和关怀，感受到彼此的心是相连的。奥巴马夫妇对孩子们的爱温暖着她们的心灵。

不同的爱会有不同的结果，所以父母要注意去感受每一次孩子的状态，用感受去互动，以接纳去分享，而不是用价值去选择，或推销自己的生活哲理与忠告。父母表达爱要选择适合孩子能接受的爱，给孩子一个宽松的心理环境，让孩子按自己成长的规律成长，允许孩子犯错，允许孩子失败，允许孩子有自己的空间，允许孩子有自己的思想，从而成为一个独立的人。我们要善于控制自己的情绪，不带情绪和孩子说话。在孩子遇到困难或做错事时，会对父母有一种"爱"的期待，这时父母要是发脾气，对孩子的伤害是最大的。我们通过温暖的眼光，柔和的触觉，传达对孩子的爱意，要由衷地欣赏和体谅孩子，欣赏他们的优点，体谅他们犯错，多腾出些时间陪伴孩子，和他们分享快乐的时

光，在陪伴中让孩子感受父母的爱，用爱温暖孩子的心灵。

每个人爱的表达和对爱的接受方式都是不一样的，所以我们要把理念变成适合自己的行动，选择适合的方式好好爱自己的孩子。

第二节　一份关怀，暖人心窝

父母的关怀就像温暖的港湾，停靠着一艘艘可爱的小船；父母的关怀就像明亮的蜡烛，照亮着昏暗的夜晚；父母的关怀就像明媚的春光，滋润着一棵棵小草茁壮成长。

或许在我们的脑海中还清楚记得儿时的点滴：在我们考试考砸时妈妈来安慰我们，在我们摔倒时妈妈急忙过来扶起我们并问哪里痛，在我们学骑自行车的时候爸爸一直陪着我们，直到我们可以独立骑车远走。时间飞快地流逝，转眼间，我们已经是孩子的爸爸妈妈了，每一天都会发生许许多多的事，细细地回忆，总能记起父母对我们体贴入微的关怀。

是的，父母的关怀对于孩子来说是那么的温暖，那么的走心。罗曼•罗兰说过："要播撒阳光到别人心里，先得自己心里有阳光。"父母心中的阳光就是一颗热爱孩子的心，有了爱心才会想孩子所想，懂得关怀孩子，才会努力让孩子处在自由、民主、和谐的氛围之中。作为父母，我们只有热爱孩子，关怀孩子，特别是与孩子保持良好的心与心的沟通交流，让孩子真正感到来自父母的温暖和关怀，才能在生动活泼的氛围中塑造孩子的精神灵魂。

热爱孩子，关怀孩子，和孩子交往让我们感到是一种乐趣，相信每个孩子都能成为一个善良的人，善于跟他们交朋友，关心孩子的快乐和悲伤，了解、温暖孩子的心灵，时刻都不忘记自己也曾是个孩子。

作为父母，我们都盼望孩子健康快乐地成长。成长是什么？它意味着美、爱和关怀，以及视野的开阔。孩子如果做十道题，答对了五题，与其责骂："你这么笨，才会做五题。"不如用正面的话来鼓励："你真不错，答对了五题，成功了一半，继续努力，别的题也难不倒你了。"

> 有这样一个温馨的小故事：一个小男孩，跑到正在穿皮大衣准备上夜班的父亲身边："爸爸，请问您一分钟赚多少钱？"爸爸看看乖巧的儿子，笑道："一块钱，你问这做什么？""请借给我一块钱，好吗？"爸爸将手伸进口袋里，摸出了一块钱，递给了儿子。"爸爸，你看！"儿子把手伸进口袋，摸出了四块钱的硬币，连同父亲刚给的一块钱捧到父亲面前："爸爸，给您五块钱，请您陪我五分钟聊聊天，可以吗？"正在开门的爸爸愣住了。

这个小故事告诉我们，孩子需要我们的关怀，需要我们敞开心扉与他们共同架起沟通心灵的桥梁，哪怕只是短短的五分钟。沟通是每位做父母的都应学会的一门艺术。常听到一些父母的感叹："孩子长大了，就不听我们的话了。"其实，这主要是父母对孩子缺少精神关怀，与孩子缺少沟通所致。

孩子幼小时，由于比较幼稚、简单，对父母的依赖性较强，许多事情都要对父母讲；父母对孩子也倾注了较多的关爱，所以这时相互间的沟通一般问题不大。当孩子逐渐长大，开始学会自己观察、思考后，对一些问题有了自己的看法，有时觉得有些事情没有必要跟父母说。孩子大了父母对其的关怀也相对减少，这样父母对孩子就会缺乏了解，相互间的沟通就显得十分必要了。

用"先做朋友再做父母"这句话来概括父母与孩子之间的沟通，是有道理的。父母与子女之间的关系如果比作朋友的话，就应该成为能相互理解、相互信任、相互帮助的知心朋友。但是从一般的观点来说，父母对孩子总是处在长辈或指导者的地位，产生这种不平等是必然的。而对于长大了的孩子，他们有着自己的思想与看法，这种不平等就会造成父母与子女沟通上的障碍。只有平等地相处，子女才有可能向父母袒露心扉，父母也才能对孩子进行适当的指导。有的父母埋怨自己的孩子说假话、品质不好，他们恰恰忘了这些毛病正是他们行为粗暴、常常训斥孩子所带来的"副产品"。当一个孩子能与自己的父母建立平等的亲密关系后，他的行为言谈自然会渐渐变得高雅，他的性格也会开朗、乐观、豁达，今后在面临人生种种挑战时，也会表现得更为勇敢、自信。

古往今来，不少望子成龙的父母不知不觉中步入了教育的误区，扭曲了儿童的心理。许多父母以为孩子永远只是孩子，只管安排好他们的生活和学习就

可以了，忽视了对他们心灵上的关怀，其实，一句关怀的话有时候比一件衣服更能让人暖心。孩子是有思想、有感情的人，如果父母从不或很少关怀孩子，不与孩子进行心灵上的沟通，久而久之，孩子独立的属性被彻底抛到脑后，压抑了儿童个性品质的发展。这样，不仅没有促进孩子的健康成长，反而将无数的苦楚和哀怨积压在孩子幼小的心灵深处，延缓了孩子精神世界的良好发展。

北京"蓝极速"网吧纵火案的主犯，年仅14岁的宋雨就是这样的一个典型。宋雨1岁时父母离异，由于母亲排斥他，只得跟随父亲生活。素质不高的父亲长年吸毒，脾气暴躁，经常把他扔给爷爷带，根本没有父子之间心灵的沟通交流。父亲曾交过三个女友，其中两个都心狠手辣，经常打宋雨，一个用高跟鞋把他踢晕了过去，另一个把他的小手摁在桌子上用擀面杖狠命敲打。不难想像，此时，到底有多少的苦楚和哀怨积压在孩子的心中，他的心理到底被扭曲到什么程度。宋雨最终被判无期徒刑。

假如父母平时都能多关心孩子，注意和孩子多沟通，多交流感情，这样的事或许就不会发生。

或许不少父母心底也想多关心孩子，多与孩子沟通，不过在与孩子沟通过程中走了不少弯路。

生活中，绝大多数年轻父母对孩子在生活上十分关爱，可真正将孩子作为有人格尊严的人看待的父母并不多。孩子向我们诉说在学习和生活上有什么问题时，有些父母稍不顺心就打断孩子的话，轻则斥责，重则打骂，孩子只能将话吞回去。孩子说话得不到父母的重视，他们就会把自己的秘密埋藏在心里，不再跟父母诉说，这样我们就很难知道孩子的所思所想，久而久之，孩子就会与父母产生对抗情绪，以致双方相互不信任，沟通困难。大部分儿童的心理健康问题和家庭有关，特别是与父母对孩子的教养和交流沟通方式不当有关。我们在某些问题和决定上有自己的原则，并坚持自己的意见，这固然没错，但并不意味着要忽视孩子的意见。无论孩子的意见如何，让他们表达出来起码有两大好处：一是孩子至少被征求过意见，他会更易于接受最后的决定；二是会使孩子的自尊心得到满足。许多父母在"关键"问题上总喜欢"封杀"孩子的意见，这就抑制了孩子与父母进行交流的欲望。

孩子是一块没有被污染过的璞玉，他们是否成器，关键要看父母如何去雕琢。他们虽然年纪小，但他们也有独立的人格尊严和认知世界的独特视角，更有表达自己内心感受的自由。父母应耐心地让孩子把话说完，孩子说得有理，应该赞赏；孩子说得不合理，可以进一步交换意见，直至解开孩子心中的疙瘩为止。只有这样，才能建立健康、和谐的亲子关系。如果父母一味地将自己的喜怒哀乐强加给孩子，剥夺了他们将话说完的权利，再有思想的孩子也会被抹杀而日渐平庸。

许多父母不明白"孩子的观点往往与大人是不同的"这个道理。他们和孩子交谈时缺乏足够的耐心，往往未听完孩子的话就发火，或者把孩子对某事的态度或看法说成是小题大做，这样，得不到理解的孩子就很难理解父母的苦心。

> 一位母亲问她六岁的儿子："假如妈妈和你一起出去玩，我们口渴了，一时找不到水喝，而你的小书包里恰巧有两个梨子，那么你会怎么做呢？"儿子小嘴一张，奶声奶气地说："我会把每个梨子都咬一口……"虽然儿子的年纪尚小，不谙世事，但母亲对于这样的回答，心里多少有点儿失落，不禁生气地打断孩子："别说了，不懂得分享，妈妈白疼你了！"
> 儿子："妈妈，我……"
> 母亲："我什么我？你还要顶嘴？我说你那么多，你明白吗？"
> 儿子：……
> 母亲："你为什么不说话？你哑巴了？"
> 此时，儿子低下了头，不再说话。

许多父母总是难以忘记自己"教育者"的角色，以至于和孩子沟通时总是难以保持平静，"你要""你应该""你不能"等词语常常挂在嘴边，结果是父母谈得越多，孩子说得越少，孩子就渐渐失去了与家长交流的愿望。

许多父母不懂得把握和孩子交谈的时机，错过了关怀孩子的机会。例如，当孩子专注地做一件事的时候，父母就插进去打开话匣子，或者孩子刚受了批评，心情还未平静，父母就想"趁热打铁"去与孩子沟通等，这样的结果，只会导致孩子的抗拒和不满。

真正有效的沟通不能停留在表面，而必须是心与心的沟通。要达到心与心的沟通，关键要优化亲子关系。父母要主动把那种居高临下的、专制的、紧张的亲子关系，变成平等的、民主的、和谐的亲子关系。

父母要尊重孩子，把孩子看成是和自己一样有人格的人。科学研究证明，只有尊重孩子，孩子才能有自尊心，而惟有自尊心才是孩子自我发展的强大动力。

或许很多父母都经历过孩子的成绩下滑这种情况，甚至老师都找我们谈过很多次话了，作为孩子的父母，我们感到特别忧心。有的父母就会对孩子说："你不能再这样下去了，我的脸都让你给丢尽了。"可孩子的成绩却下滑得更厉害了。而有的父母就会先分析一下原因，然后再有针对性地和孩子交谈，让他明白我们的忧心与关心，而不是责骂和训斥，孩子就会慢慢改正错误，成绩就会上去。孩子让父母忧心、烦心的事情不少，如何将忧心话语变通来说可是一门学问。因为，说得好能使孩子改变坏习惯，得到好心境；说得不好会引起孩子的逆反心理，甚至变成孩子的"心病"。对于一些不适合直接同孩子当面说的话题，可采取留纸条、写信、向孩子推荐一篇文章、一本好书等方式进行沟通。总之，父母间接式的变通做法，既可以表达自己的想法，孩子也比较容易接受。

父母要善于了解和理解孩子。孩子由于年龄小，常常会出现与成人不同的看法。我们要了解孩子的年龄特点，还要注意随着孩子年龄的变化而改变沟通的方法。当孩子幼小的时候，我们更多地要带领他、教导他；到孩子逐渐长大时，我们就要与他商量；到再大一些，则应该学会向孩子请教，主动地和孩子建立朋友关系。我们要从孩子的言行中发现他的情感变化，随着孩子年龄的增长，他的情感方面也有很大的变化。婴幼儿时期，他的喜怒哀乐几乎都表现得非常明显；当孩子上小学高年级的时候，他再也不像幼儿似的喋喋不休了，他渐渐懂得了自己梳理自己的情感。很多父母说："孩子大了，我倒琢磨不透他了，他也不愿意把心事讲出来。"其实，这一方面说明家长与孩子缺少理解性的沟通；另一方面也体现出这个年龄的孩子需要有私密空间。父母要多留心孩子的一举一动、一言一行，在每一个细节中感悟孩子内心的冷暖。比如，从他的小练笔、小作文中去体会和理解孩子的内心世界。最后，还要理解孩子是在这个时代成长起来的。不少父母最爱说自己小的时候如何如何，也同样要求孩

子跟自己小时候一样，但是我们不要忘记了，历史一去不复返，孩子只能成长在有电视和网络的当代，深深打上时代的烙印。我们要结合时代的发展去了解和关怀孩子，与孩子好好沟通交流。

有的父母自己高兴了，就整天和孩子泡在一起；工作忙了，就很长时间不理孩子，这种冷热病，最不利于和孩子建立稳定的联系。因此，我们工作再忙也要安排时间和孩子沟通，时间可以少，关键是要有质量。和孩子沟通也要讲究空间，有些交往需要全家在一起，欢快热闹，而有些谈话则需要有一个温馨的角落。一次艰苦的远足，常常可以增进彼此的理解，而一段在山村的度假，又往往可以相互有新的发现，这样的沟通是非常有效的，在沟通过程向孩子传递父母的关怀，温暖孩子的心灵。

作为父母，我们应时常给予孩子一些希望和梦想，给予他们一些正确的引导和适当的关爱。

第三节　一个微笑，温暖的符号

父母是孩子最好的老师和榜样，父母在强化道理和口头语言的同时别忘了自己有更丰富和更清晰的肢体语言。这种特殊语言尽管是无声的，但是它能够直达孩子的内心。

父母的眼神和表情即微笑应该是美丽和温暖的表达。孩子面对这样的一张脸，即使每天都面对困难，孩子的内心也不会失去学习与生活的热情，孩子的脸上永远都会闪烁着阳光和快乐。微笑是美丽而温暖的，社会因为有了微笑而有了更多的人文关怀，家庭因为有了微笑而更加温暖和可爱。

微笑不仅仅是一种简单的面部表情，更是一种传神而亲切的心语交流方式；微笑不仅仅是一种外在的仪表姿态，更是一种高尚而博大的人生境界。微笑能指引着我们撞击出心灵深处最美最绚的爱意；微笑又如一曲轻柔动人的乐曲，能让我们的心灵自由惬意地旋转……

人与人之间的交流离不开微笑，心与心的沟通需要微笑，教育好孩子，我

们更需要微笑。微笑的诱惑使我们陶醉，使我们倾心。微笑是一种尊重与肯定，一种信任，一种宽容，一种鼓励。

父母的微笑是一种尊重与肯定，犹如冬日的太阳，温暖着孩子，拉近了亲子的距离。这种和谐、愉悦的家庭氛围，不仅能给全家带来快乐，更重要的是有利于孩子的身心健康与成长。即使刚出生的孩子也有人格，要把婴幼儿当作有灵性和独立人格的个体来尊重，用微笑培育孩子，用温柔的眼神传达关爱。只有这样，才能使孩子得到幸福，并把幸福传递到社会。从胎儿到3岁左右是这种温暖孩子心灵的最佳时期。

每个孩子都是一个独立的、有思想的个体，他们有自尊心，渴望得到他人或集体的尊重。父母应当理解孩子的这种心理需要，用微笑给予他们更多的理解、关心和爱护，温暖他们幼小的心灵。我们在日常的家庭教育中，如果能用微笑培育孩子，处处注意尊重孩子的人格，重视培养和保护他们的自尊心，那么孩子就会形成活泼向上的积极情感和良好的个性品质。

父母的微笑能够带给孩子力量与信心。无言的微笑传达着一份信任与理解，蕴含着一种真诚与关爱，代表了一份支持与赞许，可谓此时无声胜有声。有句话说"100岁也希望表扬"。好孩子是夸出来的。父母一定要注意经常用鼓励和表扬的方式和孩子交流，不要总是打击和挖苦他。一个微笑，一个满含爱心的吻，一个发自内心的大拇指，一个在众人面前的"你真行，你真棒"，这些应当成为父母的日常语言。这微笑印在父母的脸上，更融入了孩子们的心中。一个长期生活在自信而温暖的环境里的孩子，他的心也一定是阳光灿烂的。久而久之，在耳濡目染中孩子也会带着微笑面对现实中多彩的生活，无论是愉悦或失意，无论人生之路平坦或坎坷，无论成功或失败，孩子都能心怀微笑，平和地直面生活。他们的人生是富有的，因为生活中还有微笑这一种特殊的礼物陪伴；也相信所有的问题在微笑中都会烟消云散。

父母的微笑是教育子女的利器。当孩子淘气、不听话、犯错误时，请我们的父母试着微笑地对孩子说理教育，相信这一微笑教育的效果定胜于严厉的训斥。我们都明白，任何一个孩子成长的历程，都是一个犯错—知错—认错—改错的过程，孩子不听话，甚至犯错，也是成长的必经过程。因此，我们要用微笑宽容教育孩子，耐心地帮助孩子认识错误，给机会让他去感受自己行为所带来的后果，这一微笑使孩子觉得自己不好意思了，逆反心理也自然无从谈起，这时自觉理亏的孩子也自然很容易听进父母的教诲之言。父母用宽容、理解的微笑不仅教育了孩子，更用这微笑赢得了孩子的心、赢得了孩子的敬重。

> 杨澜，作为著名节目主持人，身为两个孩子的母亲，她对工作严格得没话说，却在平日里对孩子的要求十分宽松，常以微笑教育他们。孩子做事不专心，她也会批评，但不会很严厉。儿子喜欢画画，喜欢动物，对昆虫最感兴趣，杨澜都会用理解的微笑答应，极力地支持。儿子不仅信服杨澜，还敬重她。
>
> 杨澜教育孩子的特点是："投之以李，报之以桃"，和风细雨，自会豁然开朗。

父母要学会用微笑教育孩子，就要在生活中多一些耐心，多一些爱心，多一些理解，多一些宽容，才能赢得童心，收到良好的教育效果。

父母的微笑、平和的心态是培养孩子阳光般性格和美好心灵的重要保障。生活在现代快节奏社会中的我们，有时因为上班工作繁忙、工作时间长、压力大、身心疲惫，下了班还要面对繁琐的家务事，难免容易心情不好，于是在孩子犯了错或不听话时容易缺乏耐心、暴躁易怒，粗暴地对孩子责骂和惩罚，伤害到孩子幼小的心灵。其实，人非圣贤，孰能无过？特别是还在成长的孩子。面对孩子，我们不管何时都不应该粗暴，而以平和的心态耐心地引导孩子、教育孩子。孩子是父母的一面镜子，言传身教自然意义重大。3岁前的婴儿，可能由于父母的微笑而奠定开朗乐观的性格，并从小养成一种良好的习惯；3~6岁的幼儿，可能因为父母微笑的关爱而懂得珍惜生活、关爱他人；入学后的孩子，更会因获得父母的微笑而快乐、坚强、自信，一步步地带着微笑走出精彩、走向成功。

父母的微笑是一种鼓励，能够带给孩子无限的快乐：生活的快乐、学习的快乐、进餐的快乐、睡觉的快乐……微笑所带来的快乐无处不在。父母的微笑总是在肯定孩子，微笑让我们容易发现孩子点点滴滴的进步："很好，孩子，你比昨天又有进步了！""不要紧，成功躲在失败的后面！""孩子，你真棒！"孩子看到自己的进步就会信心十足。在鼓励中长大的孩子，将会极富自

信心,容易感到快乐。

用微笑温暖孩子内心,把爱传递到心底。温暖孩子的内心,就是要让爱流动起来,我们可以不时地向孩子流露出对他的爱,就算考试没有考好,也不要立即高声应和,可以微笑着对孩子说:"我知道你没有考好,怕我责备你,但是妈妈相信你可以做好,而且学习是你这个阶段要做的功课,是为你以后的前途着想,不管怎么样,你尽力就好,妈妈都会爱你的"。让孩子感觉到父母的包容和鼓励,获得安全感,并澄清学习不是为了父母,而且学习好坏,父母都可以全心地接纳,只要努力改。这样,父母的爱就传递到了孩子的心底。

原一平,也许还有很多人不认识他,但在日本寿险业,他却是一个声名显赫的人物。日本有近百万的寿险从业人员,其中很多人不知道全日本20家寿险公司总经理的姓名,却没有一个人不认识原一平。他的一生充满传奇,从被乡里公认为无可救药的小太保,最后成为日本保险业连续15年全国业绩第一的"推销之神"。最穷的时候,他连坐公车的钱都没有,可是最后,他凭借自己温暖的微笑和毅力,成就了自己的事业。

在业绩为零、生活压力巨大的情况下,他依旧精神抖擞,每天清晨5点起床从"家"徒步上班。一路上,他不断微笑着和擦肩而过的行人打招呼,用微笑温暖着别人。有一位绅士经常看到他这副快乐的样子,很受感染,便邀请他共进早餐。尽管他饿得要死,但还是委婉地拒绝了。当得知他是保险公司的推销员时,绅士便说:"既然你不赏脸和我吃顿饭,我就投你的保好啦!"他终于签下了生命中的第一张保单。更令他惊喜的是,那位绅士是一家大酒店的老板,帮他介绍了不少业务。

原一平把微笑分为39种,经常对着镜子苦练,希望能用微笑打动别人,他曾经用30种微笑去应对一个极其顽固的客人。原一平用他的微笑和幽默的沟通方式与每一个顾客交谈后,双方的隔阂就消失了,他给人留下了深刻印象,生意往往就这样很快做成了。原一平的目标是在推销成功的同时,要使该客户成为自己的朋友,他的微笑被人们誉为"价值百万美金的笑"。

我们要相信微笑的魅力,多给孩子微笑的教育。世界上有一种常开不败的花,那就是微笑之花。微笑是人类的表情,是我们每个人的本能。作为父母,我们要对孩子保持那最真诚、最美丽的微笑,为自己保持一种年轻的心态,为自己保持良好的父母形象，为自己保持一种权威的姿态，更为孩子营造一个快乐、健康成长的氛围、空间，使孩子也保持微笑。

第四节　一个拥抱，爱的传递

拥抱可以给人能量，让人快乐，经常被触摸和被拥抱的孩子，其心理素质要比缺乏被拥抱的孩子好得多。拥抱可以消除沮丧，提高体内免疫系统的效率；拥抱能让疲劳的躯体注入新能量，使人变得更年轻，更有活力。父母给孩子的一个拥抱，是爱的传递，是温暖的安抚，是力量的源泉。

拥抱孩子是一种良好的亲子沟通方式。婴儿期如果孩子缺乏拥抱，他们就会表现出爱哭、易生病、情绪易烦躁；孩子独立后如果缺乏拥抱，他们会表现出冷漠、缺乏活力。拥抱孩子是告诉他们，不管什么时候，不管犯了多大的错误，父母对他们的爱都不会变，让他们的心灵获得安全感，对未来的一切都有信心。

在不少家庭中，孩子的一天始于父母的唠叨指责："你怎么搞的，这么慢吞吞的。""你怎么只吃这么一点？饿了没东西吃了。""你到底是干什么，总是丢三落四的。"……这些情绪化十足的负面言语，只会让孩子不开心，从而影响他们一天的情绪。其实，即使孩子做错了事，或是任性、发脾气，也不妨先给他们一个拥抱，让孩子的情绪在我们的拥抱中稳定下来，然后再说一些我们想跟孩子说的话："你再试试吃点这个，很好吃的。""我们一起抓紧时间，这样就不会迟到了。"这时哪怕我们再唠叨，孩子也乐意接受，美好而快乐的一天便由此开始。

一个一岁多的小男孩在蹒跚学步，踩到一块不平的石头，一下子就摔倒了，扁扁嘴就开始哭了。他妈妈看了一下要过去安抚，爸爸却拦着：让他自己站起来，你越关注他，他哭得越厉害，不要惯着他。

妈妈说：地面有些粗糙，担心他擦伤了。爸爸置之不理："来来来，自己

> 站起来。"那个小男孩哭得愈发大声了,坐在地上起不来。妈妈忍不住过去查看,果然,孩子膝盖、手臂处有很明显的擦伤,都有轻微渗血。夫妻俩开始互相埋怨、指责,而小孩继续在旁边哭。

这种事情在生活中是经常碰到的。似乎很多孩子摔倒了一哭,父母就说没事没事,不哭不哭,揉揉就不疼了,却吝啬于给孩子一个安抚的拥抱。即便是孩子摔了一下没有伤口,可是皮肤底下的疼痛,以及摔倒时候的恐惧,也是真实存在的,所以他们会哭泣,需要一个拥抱,需要温暖的安抚。

或许我们都接受过这样的事实:孩子从小如果一哭就抱,就会习惯性要抱,父母就会被控制,以后不抱不行。可是,孩子的哭泣分很多种,孩子有时会以哭闹作为条件来要挟,但是如果我们一概不理会,孩子哭了不去拥抱,那么,在孩子切切实实受到伤害,需要来自父母的安抚帮助的时候,我们怎能忽视自己内心的感受,为何不信任自己孩子的真实情感表达呢?所以,当孩子在疼、在害怕的时候,我们陪在身边,清楚地告诉他我们懂得你的感受,给予安抚温暖,而不是冷漠地居高临下,以一句"没事,自己站起来"打发。父母应该尽自己最大的努力,用心去感受去呵护,温暖孩子的心灵。

或许我们会以为,孩子长大了、上学了,就已经不需要拥抱了。其实,不论人的年龄有多大,人人都喜欢被拥抱的感觉,尤其是自己喜欢的人。所以,拥抱可以随时在平日生活中展开。自然又时常的肢体、肌肤接触,抱抱孩子、摸摸头、碰碰鼻子、拍拍背、搭搭肩膀,这些小动作都可以充分传递爱的信息。虽然只是一个小小的动作,却能温暖孩子的心灵,等孩子充分熟悉这些动作的含义后,亲子沟通会更好,亲子关系也会更加紧密。

下班回家了,见到孩子,很多父母会边干家务边机械地问:"今天在幼儿园过得怎么样,好不好?"孩子的回答也一样的干脆:"好!"他们实际上是拒绝了父母的询问,因为他们觉得父母回家后并没有表现出对他们的关注,不重视他们。由此可以看出,父母除了让孩子衣食无忧外,更应该用心去感受孩子的内心世界,了解他们真正的想法。而拥抱就是一种最直接的表达爱意的方式,它直接带给孩子最强烈的信息:"我是爱你的!"通过亲子肌肤接触的拥抱，孩子能感受到父母的温暖，进而建立起对人的信任与安全感，将来也就有足够的勇气向外探索世界。

一家三口在斑马线过马路，妈妈抱着儿子过马路，随口说了一句："儿子长大了，好沉，妈妈快抱不动了！"没想到儿子接着说："妈妈，等你老了，我会抱着你过马路！"此时爸爸也接着说："那爸爸我呢？"儿子接着说："爸爸在那里等着，抱完妈妈，再回来抱你，一个一个来。"这个场景很温暖，父母拥抱孩子，孩子将来拥抱父母，一个拥抱，传递着满满的爱，孩子童真的话语让我们备感人生幸福的意义。

我们更要珍惜这种拥抱，孩子的童年是短暂的，也是人生中一段最美好的时光。作为父母不要把工作当作借口，为了挣钱失去陪孩子的乐趣。也许当我们可以停下脚步来有时间拥抱孩子时，他们已经长大，有些甚至连拉父母的手都感到厌烦，因为他们已经有了自己的世界。

孩子需要爱抚和拥抱，这是向孩子表示爱意的最好的方式之一，无论孩子多大，相对于父母来说，他们永远是孩子，表达对孩子的爱是永远没错的。有的父母可能认为孩子大了这样做不太习惯，甚至认为这样做有些肉麻。其实这种行为本身没有什么肉麻的，肉麻的只是我们的想法。拥抱我们的孩子不需要付出任何的代价，需要我们改变的只是爱孩子的方式，这种改变可以给孩子身心健康发展带来不可估量的益处。无论孩子多大，请给孩子一个拥抱，温暖孩子的心灵！

知心话

　　有人说,孩子的心是块神奇的土地,播下思想的种子,就会有行动的收获;播下行动的种子,就会有习惯的收获;播下习惯的种子,就会有品德的收获;播下品德的种子,就会有命运的收获。我们已在孩子的心灵播下了温暖的种子,让我们耐心地倾听孩子的心声,和孩子交朋友,和孩子共同成长。只有这样,我们才真正找到了爱孩子的方式,才会使他们健康快乐地成长。

第四章
培养孩子的自信

　　自信是开启成功大门的钥匙，自信使人有一种特殊的人格魅力，有勇气去面对生活中的各种问题，保持心情宁静，并从容地享受生活的乐趣。一个自信的人善于认识自己，发现自己。自信使人自强，只有自信，才能使一个人的潜能、才华发挥到极致。相信自己，保持"我能行"的心态，是一种信念，也是一种力量。自信是人对自身力量的肯定，深信自己能完成某件事，实现所追求的目标。很多父母热衷于对孩子知识和技能的提高和培养，却忽视了对孩子自信心的培养。然而，对一个孩子来说，不管他以后做什么或从事什么职业，自信心是他成长道路上不可或缺的一种内在力量。自信是一个成功者最重要的心理素质之一，但它并非与生俱来，父母是孩子人生成长道路上的第一任老师，我们要对孩子从小加以正确引导，使孩子逐渐学会相信自己，从而培养孩子的自信。

第一节　别让自信远离我们的孩子

自信是人生成功的第一要诀，自信心是一个人的精神支柱，一个人能飞多高，走多远，在人生的道路上能收获多少辉煌，关键是自信心。只要充满自信地期待，相信事情会向好的方面发展，事情往往会遂你所愿的，这就是心理学上所说的"罗森塔尔效应"。

如果一个人充满自信，做事就会积极主动，不怕困难，敢于尝试，勇于挑战；相反，缺乏自信的人，则往往不善与人交往，做事被动，畏首畏尾，依赖性强，容易产生悲观情绪。

随着生活质量的不断提高，越来越多的父母对孩子的关心和照顾事无巨细，物质上应有尽有，精神上百依百顺，所有事情父母一手包办，不必孩子费心和付出努力。因此孩子很容易形成一种凡事都依靠家长的心态，认为自己离开家长就一事无成，对力所能及的事情也不想费力去做，害怕自己做不到。

或许很多父母认为自信与否是孩子个人的造化，与父母无关。其实孩子的自信品质跟父母及成长环境有很大关系，良好的家庭教育能培养孩子的自信，反之则会让孩子不自信，甚至产生自卑感。

一些孩子在家里或者在熟悉的人面前比较愿意说，表达也没有问题，但在集体活动中不敢主动地提出参加其他孩子的小组或集体游戏活动，不敢主动提出自己的意见和建议，不敢在众人面前大胆表现自己；平时他们总是跟随着能力较强的孩子，听从他人的安排，而不愿自己当领导者；面对困难挫折时，他们常常害怕、退缩，惧怕尝试新事物，过分依赖人，他们经常担心自己做得不好；有些事情孩子可以独立完成，可他们不愿意，非得依靠周围的人来做，不相信自己，认为别人做的肯定会比自己强，他们会逃避有一定难度或挑战性的活动，而去选择比较容易的项目。这样的后果，很大程度上是由不良的家庭教育造成的。

我们经常会对孩子说的一句话是："你不听话，妈妈就不要你了。""再不听话，妈妈就走了。"经常听这些话长大的孩子，收到的是什么信号——恐惧。作为父母,我们都希望自己的孩子听话,不喜欢那些顽皮的孩子,可是过于听话的孩子,通常是低估了自我价值,自信心比较弱,对环境和生活中发生的变化容易怀有恐惧,他们把听话作为自我保护的手段,因为他们犯的错误越少,所谓的"风险"也就越少。

不少父母因孩子小而把他们视为柔弱的个体,于是竭尽全力为孩子解决各种困难,为他们的生活铺设平坦的路。可父母并没有考虑到,过度的照顾和保护,实际上剥夺了孩子锻炼的机会,不但使孩子缺乏必要的生活自理能力、活动能力和解决问题的能力,还使他们缺乏独立性,事事依赖他人,不懂得与他人沟通交往,一遇到困难则不知所措,不相信自己,害怕遭受挫折、失败。

有的父母经常将自己的意愿强加给孩子,盲目地要求孩子按照他们预先设计的轨道成长,给孩子提出过高的期望。由于心理、年龄特征和各方面能力所限,孩子常常达不到父母过高的要求,往往得到的是父母的否定。期望过高,孩子能力有限,父母对孩子的否定评价,这样恶性循环,孩子屡遭失败,就会产生持续失败的挫折感,积累"我不行"的消极情感体验,孩子的自信心不断地减弱,甚至从自我怀疑走向自卑。

望子成龙心切的父母常常盼望自己的孩子样样比别人强,惯于横向攀比,喜欢拿其他孩子的优点和自家孩子的缺点比,如"邻居家小华多有礼貌啊,你什么都不懂""她考第一,你怎么不及格呢?"父母的评价往往成为孩子认识自己的重要依据。父母消极、否定的评价,会使孩子产生"己不如人"的感觉,真的就怀疑自己的能力,认为自己真的很笨、很差,或行为不好。以自己孩子的弱点与别人孩子的优点相比,这个过程比掉的恰恰是孩子的自尊心和自信心。

在生活中,当别人夸奖孩子的时候,父母的反应往往是过度谦虚,不仅失去了夸奖应有的积极作用,而且打击了孩子的自信心。

生活中时常能听到这样的对话:"哇,你家宝贝吃饭好乖呀。""就这一次而已,她平时可挑食了,总要我追着喂饭。""你家孩子太可爱了,跳舞很好看,很有天赋呀。""别这样夸她,她平时跳得可差了。""你家孩子的画画得真好。""哪里哪里,一般一般,好多小朋友画得比他好。"

很多父母不明白,这种谦虚的评价,对孩子来说伤害有多大,因为这是对

孩子的一种否定，会在无形中打击孩子的自信心，让他逐渐变得自卑。其实，很多家长听到夸奖孩子的话心里是很高兴的，对孩子的表现感到骄傲和自豪，但是为了在别人面前表现谦虚的美德或是害怕孩子骄傲，反而用语言贬低孩子，忽视了这些话会伤害到天真可爱的孩子，让他们失去自信心。所以，父母们请不要总觉得孩子还小，听不懂你说的话，他可以从你闪烁着谦虚的眼神中感受到你的否定；当下一次有人夸奖你孩子的时候，请礼貌而优雅地回一句："谢谢。"

> 佳佳特别喜欢画画，一有时间就会拿起画笔沉浸在自己的世界里。
> 一次，她邀请两个好朋友一起来家里画画，佳佳妈来送水果的时候，驻足看了一阵，随后对佳佳说："女儿啊，你看人家，画的有模有样的，你怎么画得都不像呢？快好好跟人学着点。"
> 听到妈妈当着小朋友的面否定自己的画，佳佳的脸面立刻挂不住了。
> 当然，后来佳佳还是会在自己一个人的时候偷偷画画，只是，每完成一幅作品，总会觉得自己画得不像，甚至很丑，于是就赌气地扔了。
> 有一次，佳佳妈整理佳佳房间的时候，看到纸篓里一大堆被揉皱的画纸，无奈地摇摇头说："画画需要天分，既然画不好，以后少画吧，别耽误了学习。"
> 后来，佳佳就真的不怎么画画了，虽然她一如既往地喜欢画画，但她对自己的画依然没有信心，觉得自己画得比别人差，其实她从放弃画画那一刻起，就对自己的画再也自信不起来了。

其实，不能靠画得像不像来断定一个人是否有绘画天分，况且对成功最有力的支撑，很大一部分来源于坚持和热爱。当一个人有自信，就会相信自己，肯定自己的行为，热爱并坚持不懈，不断奔向成功的彼岸。

我们也不能责怪佳佳妈，她并不是有意嘲讽自己的女儿，也不是在一味地否定自己的女儿，看得出来，她只是想用反向激励法，来激发女儿的绘画潜能，坚定她对画画的热爱。然而这种反向激励，并不一定能收到正面效果。不是所有的孩子，在你说他不好的时候都会做好给你看，在你抱怨生活不易的时候都能发愤图强，有些孩子，一旦形成负面的自我认知，以后在做任何事的时候，都会缺乏自信。

唐骏，中国职业经理人，被称为"打工皇帝"。1994年加入微软公司总部。2004年出任中国盛大网络公司总裁，并帮助盛大公司在美国纳斯达克成功上市。2008年以十亿身价转会新华都集团出任总裁兼CEO。2013年1月28日，唐骏通过个人微博向外界宣布卸任新华都，专注港澳资讯，任职董事长兼CEO。

唐骏非常自信，"你相信盖茨吗？——相信。你知道盖茨最相信谁吗？——是我唐骏，所以你应该相信我"。对于"打工皇帝"称号，他表示："中国有很多像我这样的打工的，但是我想说的是，我不是在为别人打工，是在为我自己打工，为我的财富、人生和未来打工；打工就是在为自己的人生创业，因为结果都是一样，通过打工获得了财富，获得了认同，获得了经验。我们要有良好的心态，全中国90%以上的都是像我这样的'打工'人，我们在为自己打工，要有这样的心态。"

在人生规划方面，唐骏会选择一个比较有挑战，但是通过很大努力又可以实现的事业目标，这样总会有成就感。唐骏在职场的成功源自于他的简单、自信、勤奋和良好的沟通能力。

自信对一个孩子来说是非常重要的，我们要好好培养和呵护，别让自信远离我们的孩子，更不要用不恰当的方式亲手把孩子的自信扼杀。

第二节 用爱让孩子的自信萌芽

自信，来自自尊，一个人首先自尊，然后才会自信。自尊是一个人对自己的自我价值的肯定，是内在的，只关乎自己的，是外部环境无法撼动的自我认知。孩子的自信，从根本上讲是来自父母的爱。父母爱孩子，尽情地享受孩子的成长过程，享受孩子给自己带来的快乐，用尊重、信任、赏识的态度对待孩子，让孩子的自信萌芽。有父母的爱在背后支撑，孩子在外面不管遇到了什么，都无所畏惧，因为他们坚信："我爸妈爱我，肯定我。"他心里非常踏实，知道自己拥有取之不尽的力量，可以面对整个世界。

　　罗森塔尔效应给我们这样一个启示：赞美、信任和期待具有一种能量，它能改变人的行为，当一个人获得另一个人的信任、赞美时，他便感觉获得了社会支持，从而增强了自我价值，变得自信、自尊，获得一种积极向上的动力，并尽力达到对方的期待，以避免对方失望，从而维持这种社会支持的连续性。

　　孩子是渴望被尊重的，但现实生活中，很多父母不大注意保护孩子的自尊心，个别父母教育孩子压不住火气，非打即骂，还夹带"笨""没出息"之类的言辞，大伤孩子自尊。久而久之，孩子会产生自卑感，胆小怕事，更不用说自信。因此，父母一定要放下架子，平等对待孩子。尊重孩子，才能让孩子有自信。父母把小孩当作大人一样尊重，如：不强逼孩子做事，父母进入子女房间要先敲门，使用孩子的东西应该得到他的允许，事关孩子的决定应该先和孩子商谈，听取孩子的意见，未经同意不要随意翻看孩子的日记或其他隐私，等等。一个不被尊重的孩子不仅缺乏自信，也不懂得如何尊重别人，因为没有人给他示范过。

　　要想孩子自信，首先父母和社会都要尊重他。西方国家提倡的"尊重教育""鼓励教育"，就是希望孩子建立起正面的自我认识，不要因为和别人的长处比较而自卑，意识到每个人都是独特的个体，都拥有自己的闪光点。也许孩子学画画不开窍，但是他人缘好，有领导才能；也许孩子作文不行，但是他唱歌好，有音乐细胞；也许孩子不善表达，但是他体育好。父母要帮助孩子找到他的长处，并创造机会让他的长项得以发挥，从而让孩子的自信萌芽。

　　在孩子的成长过程中，最重要的莫过于培养他们的自信心，有了自信，孩子们就会有力量克服人生路上遇到的困难，用努力进取的态度去对待人生。所以在孩子小的时候，父母的当务之急不是让孩子学认多少字，背多少诗，做多少道题，而是要尊重孩子细小的感觉，培养孩子的自信心。

　　信任能让孩子感觉到被肯定，可以帮助孩子树立自信。但在日常生活中，父母常常会有意无意否认孩子的感觉，说出不信任孩子的话语。比如孩子说太热了，不想穿外衣，家长会带有斥责意味对孩子说："哪里是热？妈妈一点都不热。"孩子想帮忙端碗筷，家长会马上说："你端不稳的，容易把碗打碎的。"如果孩子抱怨功课难，不会做，家长会说："怎么别人会做就你不会？你一定是上课没有好好听讲。"孩子要尝试一件新事物，有些父母会说："不要了，你那两下子我还不知道，别出丑了。"甚至孩子长大要找对象，父母依旧不放心孩子的眼光。孩子在父母眼里永远都是"嘴上没毛办事不牢"的人。连父母都不相信孩子的能力，那他们的自信从何而来？父母在孩子小时候一再否定孩子的想法做法，就把孩子的自信心和独立性一点一点地扼杀掉了。

所以，作为父母，我们要信任孩子的感觉和判断。如果孩子说热不肯穿外衣，那么摸摸孩子的背部是不是很热，有没有出汗，或者可以替他拿着外衣，等到他需要的时候再给他穿上。如果孩子觉得功课太难，我们就和他一起分析难在什么地方，找到症结，共同解开难题。他想尝试新事物，在确保安全的情况下多给他机会去试试，给他充分的信任和学习的机会。

尊重孩子，使他们切实地体会到自己是一个有独立人格的人。信任孩子，调动孩子做事的积极性，并给予积极关注和表扬。切忌包办代替，更不可打击、讽刺。这样既培养孩子对自己行为负责的品质，又培养了孩子自信心。

我们要用赏识的目光看待孩子。每一个人在满足了生理需求后，心理上都有获得肯定与赞赏的需要，如果一个孩子感到自己是被别人赏识的，自己对别人来说是重要的、有意义的，那么他就会自然而然地产生愉悦的、自我肯定的感觉。就其精神而言，每个幼小的生命仿佛都是为赏识而来到人间的。

儿时的郭敬明便十分懂事和喜欢读书，读完之后，会写一些心得体会和读后感，他那种良好的学习习惯深受老师和父母的赞扬。由于大量阅读，潜移默化，郭敬明的文字功底越来越好，到小学生写作文的年龄段时，他的优势便凸现了出来，每次老师布置一篇课堂作文，别的同学绞尽脑汁半天都写不出来，而他仅需考虑2分钟就很快进入角色。他写文章速度很快，而且文章写得又好，经常被语文老师拿去给班上的同学作范文学习。老师的一次又一次赏识教育，给儿时的郭敬明带来更大的鼓励和推动，增强了自信心。

初中二年级时，郭敬明在全国公开刊物《人生十六七》上发表了他的处女诗作《孤独》，这首诗忧郁凄美。不久，他收到了杂志社寄来的10元钱稿费和样刊。当时，郭敬明欣喜万分，当父母知道这事后，对儿子也倍加赞赏，鼓励他继续努力。父母认为，尽管10元钱的稿费不是很多，但它给儿子郭敬明带来的价值和益处远远超出了它的本身，因为，这是对儿子十余年的心血和汗水的肯定。第一次作品得到父母和社会的认可，郭敬明的创作激情和自信心便陡增。从此，他除了自由写一些文章外，还参加全国中学生作文大赛。

郭敬明在不断的鼓励和实践中获得了成功的体验,增强了自信心,自信让他的写作之路更加广阔。他2002年参加了第四届"新概念作文大赛",在初赛和决赛上均获得一等奖。这让做评委的专家教授都感到有点吃惊,因为这项全国顶尖级的中学生作文大赛举办多年来,能连续两次拿一等奖的实在太少太少,目前全国仅有两人,郭敬明是其中之一,由此,郭敬明声名鹊起。

孩子心智发育尚不成熟,常常根据别人对自己的评价,尤其是父母和老师的评价来给自己定位。如果他经常被表扬,他的心里就充满了自豪和自信,觉得自己很优秀很特别。相反,如果孩子平时听到的都是训斥、挑剔、责备甚至挖苦,一个小小的过错就被家长抓住不放没完没了地进行批评,他就会觉得自己很失败,什么都做得不好,进而会否定自己的能力,产生自卑心理,而失去对学习和生活的热情。

现在许多父母教育孩子的心理有些错位,不是用赏识的目光去看待孩子,而是用挑剔的眼光找孩子的毛病。最可怕的是用别人的孩子的长处,去比较自己孩子的短处,越比较越觉得自己的孩子不如别人的孩子,到后来孩子也觉得自己一无是处,情绪始终处于紧张之中,就怕自己做不好,更有甚者,还会产生对别人成绩的嫉妒。其实,正如世界上没有两片完全相同的叶子一样,每个孩子在成长过程中都是独一无二的,只要孩子今天比昨天有进步,你就应该祝贺他。"哪怕天下所有的人都看不起我们的孩子,做父母的都应该眼含热泪地欣赏他、拥抱他、称颂他、赞美他,为他们感到自豪,这才是每个孩子的成才之本。"这是一位聋童父亲在为改变女儿命运的坎坷途中发现的一个奥秘。

小品演员巩汉林在教育孩子方面注重教育方法,给孩子充分的信心。他在儿子4岁时,就开始培养他学习钢琴。学钢琴的练习过程是比较枯燥的,因孩子还小,耐力有限,他不愿意天天在家练琴,更害怕在不熟悉的人面前弹奏,自信心很弱。

看到这种情况,巩汉林没有指责儿子,反而耐心地跟孩子谈心了解他的想法。在和夫人金珠商量之后,巩汉林就带儿子到公共场合玩耍,遇到有琴的地方就会鼓励孩子过去试弹一曲,每次孩子弹奏完周围的人都会连声叫好,巩汉林也会给儿子一个大拇指表示赞赏,孩子很高兴,对弹琴的兴趣越来越浓,同

时在这个过程中增强了自信心。后来，孩子更愿意练琴，并且享受在公共场合弹琴的过程。

巩汉林尊重孩子，用赏识的目光看待孩子，让孩子在每一次实践中都获得充分的自信，并陪伴他，鼓励他。其实，不管什么时候，父母都应成为孩子坚实的后盾，给予孩子充分的信心，跟他们一起渡过难关。

父母的言行对孩子自信心的树立有很大的影响，父母的微笑、点头、抚摸等都是给予孩子的赏识和支持。孩子会在父母赞赏的目光下、支持的话语中，一步一步地对自己进行定位，树立起自信。因此，家长在生活中应当对孩子多一些赞赏少一些指责，当孩子在某一方面有进步时，千万不要吝惜自己的赞赏，不要害怕会把孩子给"夸得不知天高地厚"，有自信的孩子都是被肯定培养出来的。当孩子遭遇失败或孩子行为有过失时，不能对孩子全盘否定，把他说得一无是处，更不能盛怒之下对孩子拳脚相加，这种做法会严重伤害孩子的自尊心，在孩子心灵上留下创伤。

作为爱孩子的父母，我们能做的，就是看清并尊重孩子精神上的底线，想要让孩子变得自信强大，就要信任、赏识他们，小心守护他们内心的柔软。

第三节 让孩子"抬起头来"

许多心理学家将懒散的姿势、缓慢的步伐与对自己、对工作以及对别人的不愉快的感受联系在一起。但是心理学家也告诉我们，借着改变姿势与速度，可以改变心理状态。你若仔细观察就会发现，身体的动作是心灵活动的反映。

那些遭受打击、被排斥的人，总是低着头走路，拖拖拉拉，完全没有自信心。另一种人则表现出超凡的自信，走起路来抬头挺胸，比一般人快，他们的步伐告诉整个世界："我要到一个重要的地方，去做很重要的事情，更重要的是，有信心自己能成功。"

自信心不是天生的,而是在后天不断进取中逐渐培养起来的。那么,作为父母,我们要让孩子抬起头来,就要懂得如何培养孩子的自信心。

很难想象缺乏自信的父母能培养出自信心十足的孩子。想培养出自信的孩子,作为父母的我们要以身作则,树立典范,对自己持肯定的态度,相信孩子最终都会成长为一个独立自主、自食其力的人。榜样的力量是无穷的,如果父母的一言一行充满自信,耳濡目染,孩子就会接受正能量,逐步建立自信,所以父母在要求孩子的同时,一定要注意自己的修养,做好孩子的典范。

生活中,我们常常可以看到这样一个场景:妈妈把准备好的衣服给孩子穿,孩子却怎么也不肯穿,非要自己选。或许,我们可以从这件事上看到一个劳心劳力的妈妈,一个不听话的孩子,甚至是父母对孩子的骄纵等,但我们更应看清楚一点就是孩子对穿衣这件事很有信心。作为父母,我们要做的应是:放手,让孩子自己选择,这样孩子才会在体验中获得更多的自信。

有些父母对孩子照顾得无微不至,有些父母生怕孩子在外面吃亏,他们对孩子过分地保护,总是不敢放手,事事处处亲力亲为,不让孩子自己实践和锻炼。什么事都是父母插手处理,让孩子失去了解外面世界的机会,失去锻炼能力的机会,失去积累人生经验的机会。如果不放手让孩子走自己的路,他就永远不会走路;如果不给孩子足够的信心,他就永远不会有高飞的念头。过分保护孩子等于伤害孩子,不但限制了孩子自由发展的空间和克服困难获得成功的快乐,更失去了增强孩子自信心的机会,这比直接打击孩子的自信心还要严重。孩子自己的事情让孩子自己做,父母要学会放手,要相信孩子能行,也要让孩子相信自己能行。有时放手是对孩子能力的历练,更是孩子建立自我意识、树立自信心的开端。

放手不等于撒手不管,而要建立合乎孩子能力的目标,给孩子力所能及的任务。父母不能把目标定得太高,目标太高超过了孩子能达到的限度,就容易使孩子产生失败感,丧失信心;也不能把目标定得太低,孩子轻而易举即可完成,就会变得轻率和骄傲。很多时候,孩子的自信心光靠我们给予是不够的,要让孩子自己通过亲身实践,完成某个目标来获得成就感。在孩子还很小的时候,我们就可以让孩子做一些力所能及的家务,例如,让孩子独立清洗自己的袜子和小毛巾,哪怕洗不干净,这个过程让他知道自己的作用,增强自己的自信心。使人前进的最大激励，是一种成功的感觉。做了事的人，无论事情大小，只要他尝到一点成功的快乐，便会渴望再次成功。当孩子完成了任务时要和他分享成功的快乐。孩子的自信来自每件小事中别人对他的认可。

每个孩子都是一个独立的个体，各自都有其独特的个性，我们要善于发现并时常肯定孩子的优点，适时用几句话正确表达出来，增强孩子的自信心。一位教育家说过一句话："父母的眼睛，即父母的注意力焦点，决定着孩子成长的方向。"一个欣赏的目光，一个肯定的眼神，是对孩子优点的确认，孩子会高兴地记住父母对他优点的肯定，会把事情做得更好，自信心在不知不觉间建立起来。我们时常抚摸一下孩子的头，给孩子一个拥抱，让孩子知道他在父母心中的地位，这样孩子的安全感会增强，内心的自我意识上升，自信心也大增。

除了肯定孩子的优点，较为有效的办法就是发现和培养孩子的某一特长。孩子从小其能力倾向便会显露，有的孩子能跑能跳，好于运动；有的孩子爱唱爱跳，擅长文艺；有的孩子舞文弄墨，酷爱绘画。我们就要及时发现孩子的特长，顺势加以引导及培养，促进他们在某方面具备其他孩子所不及的特长。但是，培养孩子特长需要扬长避短，也要避免盲目。幼小的孩子常常被大人驱使着，父母不太懂得孩子真正适合干什么，今天去练电子琴，明天去学画画，后天去舞蹈班，可怜的孩子只能疲于应付。父母在平时确定并悉心培养孩子的特长，比如说画画非常出色，或能写得一手好毛笔字，或者能歌善舞，这些特长使得孩子有机会在大家面前展示属于他的才华，那么在万众瞩目的那一刻，在获得掌声、鲜花和肯定的那一刻，孩子的心中也是充满着无限自信和自豪的。这种自豪感将对他的学习、生活都会有积极促进作用，孩子有了一种竞争优势，有进取的动力，就会变得越来越自信。

每个人都要经历失败和挫折，当孩子遭受失败和挫折时，父母应该抓住时机走进孩子的内心，理解安慰孩子，支持鼓励孩子，而不是生气不理孩子，甚至训斥和嘲笑孩子。否则，本来孩子的自信心已遭受打击，再遭受父母的嘲笑，无疑是雪上加霜，孩子的内心会崩溃，早先建立的自信心也会消失殆尽。正确的做法是：首先，父母要冷静，要理解孩子内心的感受，理解孩子的失落和不快，让孩子感受到父母的爱和理解；其次，要引导孩子正确对待失败和挫折，关心帮助孩子理性接受教训，分析原因，让孩子努力弥补不足，找回自信；最后，用缓和的语气跟他一起分析这次经历，要多鼓励孩子，让孩子感受到父母对自己还有信心，激发孩子树立战胜困难和挫折的信心，从而帮孩子恢复自信心。

> 一个小男孩特别害怕到高处，站到高处就腿软。一次他和小伙伴到悬崖边上玩，爬上了悬崖，然后就下不去了。其他小朋友都顺利地下山回家了，只有他坐在悬崖上哭，不敢下来。后来，爸爸找到了他。他原以为爸爸会过来抱他下来，然而没有。爸爸只是跟他说："爸爸相信你可以的，加油"，然后用手电筒的光，一步步引导他走下来。当爸爸说"好了，你已经下来了"时，他才意识到自己真的从悬崖上走下来了。他的第一反应是扑到爸爸怀里哭，自信满满的，心里的感觉是"我成功了"。

由此可见，父母对孩子的鼓励和引导是多么重要。要做到这一点，其实也不难。我们只需要把握两点：一是在孩子第一次尝试某一件事的时候，父母不要期望过高。无论孩子做到什么样的状态，我们都要鼓励他，照顾他，因为孩子已经努力了，无论做成什么样都是最好的。二是让孩子自己去实践，并且恰当引导，告诉他怎么去做，而不是包办代替。

当然，孩子的自信更多来自与父母的互动，所以父母要多与孩子交流，成为孩子心声的忠实倾听者。我们现在的孩子，缺少的正是这种倾听。许多父母平时工作很忙，他们认为倾听孩子的心声，是浪费时间，是没有必要的。通过母子间的交谈，父母得到的是生命的信息，而孩子得到的是人的自信。这种平等，是心理上的平等，它让一个孩子从小体味到人的尊严。父母的倾听促使孩子从小学会以平等与尊重的姿态与人建立联系，会使孩子觉得自己很重要，自己被关注和被需要，感受到存在感，也可以减少孩子的烦恼，更可以以自己的生活经验来帮助孩子认识生活，解决实际生活中困扰孩子情绪的问题，让孩子在轻松、快乐中不断学习和吸取经验教训，成长起来，自信起来。

第四节 让孩子保持"我能行"心态

实践证明：自信会以惊人的力量发掘孩子潜在的智力，展现他们蕴藏深处的美，对自己充满信心才敢于挑战各种人生险境。对家庭教育而言，培养孩子具有健康的人格和良好的自信心比考高分更加重要。活到老学到老，一个人所需要掌握的知识，可以在校园阶段获得，也可以在工作过程中不断学习。而一个人的品质一旦形成，就很难改变，年龄越大越难改变。如果孩子从小就具有健全的品格和良好的品质，有一种"我能行"的自我评价，那么不管将来长大干什么，都会终身受益。越是认为"我能行"的孩子，越自信，做事情越容易成功。

现在，很多父母都有"望子成龙、盼女成凤"的愿望，都希望自己的孩子日后能够成为"人上人"、社会精英。但是，不少父母都有一个共同的苦恼，就是孩子缺乏自信心，不敢表现自己。幼儿阶段是形成自信的重要时期，一个缺乏自信、充满自卑的孩子，即使脑子很聪明，反应灵敏，但在学习中稍遇困难和挫折就会发生问题。

> 琪琪今年4岁，参加了一个培训机构，已经上了一个月课，通过上课视频的观看，她都很积极，很大胆地回答问题及配合老师，跟老师互动。可是，在开学典礼上，老师让孩子们排成一排唱歌表演，也跟平时上课一样让每一个小朋友拿自己的作品上台向所有人介绍。平时这个环节琪琪是很积极的，但当天不知为什么就是不愿意上去，老师怎么哄都不行，最后要妈妈陪着上去，她还是不愿意说话。晚上回家妈妈问她："为什么今天不愿意上台，也不愿意开口说话？"，她小声回答："那些人不认识，不想读给他们听。"接着妈妈给她分析道："你这次没有得到老师的表扬，就是因为没有大胆地介绍作品。那你下次能不能做到？"琪琪很没底气地说"可以。"

为什么琪琪在不熟悉的人面前不敢表达自己，这是因为她不自信，她担心自己的表达不能得到别人的认同，从而不敢表达。而琪琪妈妈在孩子退缩的时

候并没有及时给予鼓励夸奖，也可能是导致琪琪不敢尝试的原因之一。

要想让孩子能自如地表达自己的所思所想，首先要树立孩子的自信心，让他们保持"我能行"的心态。真正自信的人能清楚地知道自己在整个系统中的举足轻重，不需要通过做什么事来让别人认同自己，而只凭自己向上的内在需求去做事。很多孩子在父母面前与在不熟悉的人面前的表现不同，就是一种不自信、内心不安的表现。而孩子自信的培养，与父母的互动有着直接的关系。

要让孩子从"怕说"到"敢说"，首先父母要放下对孩子语言表达的要求和期待。很多父母都会有这样的心理："我自己在这方面做得不好，希望孩子做得比我更好。"于是这种期待无形中变成了对孩子的压力。因此父母要放下期待，代之以支持。当孩子有一点点进步时，马上给予肯定和鼓励。孩子的调整是有一个过程的，父母要看到孩子在每个阶段的闪光点，并通过肯定和鼓励去强化它。

培养孩子"敢说"，在任何时候都不要否定和打击孩子。经常受打击而很少得到鼓励的孩子会产生错觉："我是一个能力不足的人。"因此当孩子遭受挫折时，家长应该用鼓励来代替责备："没关系，下次会做得更好。"家长在这样鼓励孩子后，要仔细地去洞察孩子的心，按照他们的心理需求去赞赏孩子，信任孩子，并给予热切的回应和正确的帮助。

父母要经常夸奖孩子，尤其是低年级孩子。低年级孩子的心智尚未发展成熟，他们最初都是以周围大人的看法来判断和认识自己的，父母说他讲话不清晰，他就觉得自己不太会讲话，大人们说他讲话流利顺畅，他也会觉得自己善于表达。父母如果经常以坚定的语气对孩子说：你行！那么孩子一定会觉得自己很行，久而久之，就会树立起自信心。所以，孩子需要夸奖，需要鼓励。夸奖孩子，不仅表明了父母的信心，同时也坚定了孩子的信心。

父母一定要鼓励孩子相信自己。也许孩子写的字还不是特别工整，但看得出他是认真在写，就可以鼓励，"看，你已经有了进步！"也许孩子画的画色彩很失败，但家长可以说："你的构图很大胆！"所以，家长应该尽量找出优点及时给予鼓励，这不仅对一般孩子有效果，即使是优秀的孩子也很需要鼓励。天才也需要从自己的成果中获取进一步发展的动力，如果自己的成果得不到及时的承认，天才也会因为缺乏动力而变得平庸。心理学大师弗洛伊德指出:"受到母亲无限宠爱的人,一辈子都保持着征服者的感情,也就是保持着对成功的信心,在现实中也经常取得成功。"

> 李开复承袭父母对他的管教,他认为做父母主要的工作是去理解孩子,做他们的朋友,然后鼓励他们、帮助他们。如果把管教当作是父母对孩子主要的手段或目的,那做父母的,本质上就注定要失败了。
>
> 李开复小女儿小时候常跟他说:"我好笨。"于是李开复慢慢培养她的自信,他看女儿的日记写得很好,就夸奖她,鼓励她多写,她对写作产生极大兴趣之后,居然自己写了一本自传,到处给人看,还放到了李开复的网站里。

现在,很多父母忽视对孩子的鼓励,忘记对孩子的鼓励,导致孩子的不自信。许多人错误地认为孩子需要的是教育,不断地教育,而教育更多的就是灌输和训导。

鼓励是孩子成长道路上的阳光,父母的鼓励是建立孩子自信心的武器和法宝,孩子在父母的鼓励中,会感受到自己在父母心中是那样的好,即使遇到人生的挫折,父母的鼓励也会在他的内心产生一种推动力,不会让他失去信心。即使对孩子,我们也不要吝啬自己的赞美,不妨多运用鼓励法,发现孩子有好的表现和进步的方面,不失时机地加以恰当的表扬鼓励,让孩子感受到肯定,获得小小的成就感,这是孩子培养自信心的重要途径。

父母在鼓励孩子的时候,要少做比较,多让孩子体会到成功的滋味。有些父母出言必称"别人家的孩子",批评孩子的时候会说:"你看人家某某,怎么就能考高分,你怎么不能。"鼓励孩子的时候会说:"你真棒呀,这次比某某高这么多分",这种做比较的方法,对孩子的成长非常不利。人生是一条漫长的路,孩子的对手从来都不是某个孩子,父母如果是这样做比较的话,孩子的格局就变小了。如果孩子的努力只是为了比某个人强,那么也总有一天他会发现,自己唱歌比不过某人,自己赛跑比不过某人,那他就会很容易情绪低落,失去自信。在鼓励过程中通过比较得到的自信,是不堪一击的。作为父母,我们应该让孩子在自己成功的事情上得到赞美。成功的快乐是一种巨大的鼓舞力量,成功的积极体验会增强孩子的学习动机,激发孩子再尝试的欲望,因此我们应帮助孩子获得能力，使孩子的愿望得以实现。由于孩子的知识、经验和能力是有限的，有的事情他们经过努力能做到，有的事情就算怎么努力，也暂时做不到，在这个时候，我们不要勉强孩子，适当的时候还需要帮他一把。著名的教育家盖杰说过：表扬是一种最廉价、最易于使用且最有效的，但也是最容易被人们忽视的一种激发学习动机的方法。

父母在鼓励孩子的时候，应该发自内心，让孩子感受到我们的真诚和关心。真诚、关心，是建立良好亲子关系的前提和基础，也是帮助孩子建立自信的首要条件。现在有些父母经常一边看手机、看电脑，一边跟孩子沟通，虽然也有忙里偷闲般地给孩子回应和鼓励，却总是让人无法信服。孩子手舞足蹈地跟父母谈论他刚学会的新游戏，或者兴高采烈地跟父母讲述学校发生的趣事，而我们却只是用侧脸对着他，偶尔给出"真棒""是啊""好主意"等简短的回应。孩子的感觉是很灵敏的，他们真的可以敏锐地感觉出其中的敷衍，孩子会觉得自己说的话毫无吸引力。如果我们希望孩子通过鼓励自信起来，那就全神贯注地跟他沟通交流，用我们的全部身心去听孩子讲话，发现他的内在需求，让孩子知道，他们是被关注着的、值得爱的。

父母在鼓励孩子的时候，要注意把鼓励的具体内容说出来，不要非常笼统地称赞。有了真诚作为前提，要解决的就是鼓励的方式方法问题。简单地说就是说出具体，不要笼统。例如，孩子写了一段字，父母尽量不要只说："你写得真棒！"，而应该认真看一下孩子写的字，从这一段字里面挑选出几个写得不错的，并且告诉孩子："这几个字写得又漂亮又整齐！"很自然地，孩子就明确了自己应该朝着什么方向努力。那些笼统的称赞，只会让孩子感到不真实。

父母在鼓励孩子的时候，要表扬孩子的努力，而不是聪明和天赋。如果孩子说："今天班里做手工，老师表扬我了。"父母要注意，如果总是用"你是最聪明的""你是最棒的""你是最能干的"这样的词鼓励孩子，就会让孩子自以为天生聪明，不需要努力就做得很好，因此孩子就很难再进步，久而久之，孩子就会落后于其他小朋友了。

父母在鼓励孩子的时候，可以使用一些小技巧，让孩子更能受到鼓舞：①讲事实。就是把孩子做的事情重复陈述一遍，这是对孩子付出的认同和肯定；②说出事实的可贵性，提升到一个品行塑造的高度；③跟孩子说出我们高兴的心情，因为孩子成长的动因之一是"愉悦父母"；④表扬孩子，为孩子指明继续努力的方向。例如：回到家里，孩子帮忙扫地了，我们就可以这样鼓励："宝贝，今天回到家里，你帮妈妈扫地了，你真是一个懂事的孩子，妈妈心里特别高兴，妈妈相信你以后也会经常这样做的"，然后再给孩子一个拥抱、一个亲吻。孩子会享受这个过程，并且以后还会帮忙做家务，慢慢地，他会觉得自己能够帮助很多人，养成乐于助人的性格，在集体里面自然受欢迎，也会更加自信。

我们可以看到父母的赞美、鼓励对于孩子来说是多么的重要。每个孩子都希望能获得身边人的肯定，父母的肯定和鼓励能让孩子觉得自己所做的事情是有意义的，为了延续这份内心的满足，孩子会发自本能地更加努力，这就是良性循环的开始。

有些父母也会害怕，孩子会因为得到夸奖而骄傲自满。不用担心，只要我们正确引导孩子，是完全没有必要担心孩子会骄傲的。我们可以让他知道，爸爸妈妈期待看到他更好的表现，而不是执着于一次赞美。

适当的夸奖和鼓励是通过激发孩子内在的动力，让孩子拥有更多的勇气去体验和尝试，在尝试的过程中发现自己的价值。希望每个孩子都能在成长中收获自信，以后面对生活的每次考验，都能发自内心地说出那句：我能行。

第五节 自信，让孩子活出精彩

自信是孩子成长过程中的精神核心，是促使孩子充满信心去面对困难，努力完成自己愿望的动力。自信地生活，就是不过分担忧，不焦虑，拥有自尊、勇敢、强大的内心，相信没有什么过不去的，没有阴影、自由放松地过好每一天。

知名作家、编剧王朔对于养育女儿的态度，颇为洒脱。除了对女儿的"爱"以外，王朔最看重的是女儿的内在是否强大、是否快乐。

至于内在,王朔在送女儿去美国读书的时候,给出的最重要的理由是保护女儿的自信心和自尊心。"她念书到中考的时候,我说你不要参加中考了,你要是考过去你就是傻子,你要是考不过去,你自信心会受到很大打击。所以我送她去了美国念书。"王朔有多在意女儿的内在。还有另一句广为流传的金句:"煲汤比写诗重要,自己的手艺比男人重要,头发、胸、腰和屁股比脸蛋重要,内心强大到混蛋比什么都重要。"后来这句话还成了不少女孩的座右铭。拆分理解就是:要会生活,能照顾好自己,独立,健康,内在强大。

王朔对女儿的关注,根本不在外在的细枝末节上,他最关注的是女儿的内在。在他看来,保护好女儿的自尊,让她建立自信,拥有自爱的能力,她自然能把握住自己的人生,把握住人生所有的状况。而事实也证明,王朔的做法是正确的。女儿王咪的成长十分顺利,加利福尼亚大学伯克利分校毕业,回国成为《艺术财经》杂志编辑,低调完婚,一步步顺利地走着自己的人生。父亲与女儿各自精彩,成就着各自的人生。

人都要面对人生的高峰与低谷,在孩子成长的过程中也会经历成功与失败,品味喜悦与悲伤。缺乏自信的孩子在遭受失败的冲击后一蹶不振,而自信的孩子就会淡然面对失败,让不愉快的、不好的事情过去,在挫折中找回自信,并以此为戒,以后会把事情做得更好,直达成功。自信,能让孩子活出精彩的人生。自信往往伴随着乐观,使人做事更轻松,思想更豁达、开放。一个人拥有自信就会排除万难,坚持不懈地朝着心中的目标进发。

我们从那些优秀人物身上看到他们有一个共同的特点:他们在开始做事前,总是充分相信自己的能力,排除一切艰难险阻,直到胜利。自信的确在很大程度上促进了一个人的成功,这从不少人的创业史中都可见一斑。自信可以把人从困境中解救出来,可以使人在黑暗中看到成功的光芒,可以赋予人奋斗的动力。

> 一个专门研究智力的组织,做了一个试验,他们在学校10 000名学生里面抽出20名学生来,然后召集所有人集中在操场上,校长宣布这是我们国家最顶尖的专门研究天才的科学家经过长期的测试和研究后,发现在我们学校,有20位天才,并且把名单公布了出来,然后让这20位学生站出来,让所有的同学都

能看到他们。这20位学生当然很激动,很兴奋,"哇,我们是天才,而且是由权威机构测试出来的。"

20年后,这些人都长大了,这20个当时被称为天才的人究竟怎么样了?最后发现,这20个天才当中有的成为顶尖的企业家,有的成为最优秀的职业人士,有的成为行业专家。无论他们在什么领域,都不负众望,有超出一般人的业绩,在这10 000名同学当中成为最卓越的人群,因为他们走到哪里都相信自己是测试出来的优秀人才。

我们都知道他们并不是真的经过专业测试出来的。既然没有真正的测试,最后结果怎么都真成了天才呢?因为他们有自信,相信自己就是天才。

同样两个努力工作的人,自信的人在工作时总会以一种更轻松的方式度过工作时光:当很好地完成任务时,会认为这是因为自己有实力;当遇到实在无法完成的任务时,则认为也许任务本身实在太难。而缺少自信的人则会把成功归功于好的运气,把失败看成是自己本领不到家。由于这小小的心理差异,虽然两人花的时间、精力都差不多,但往往较为自信的那一方的收获要大得多。

要想孩子拥有自信,作为父母要以身作则,自己先对孩子有足够的信心,并且鼓励和支持他踏踏实实地追寻自己的理想,那么,他就会在未来的世界里开发出属于自己的一片天空。

一个人只要有成功的决心和自信心,就能保持最佳状态,把全部的精力集中到追求目标上。自信,让孩子对自己充满信心,积极面对困难和挫折,以豁达的心态活出精彩人生。

知心话

　　真正自信的人，不是靠学历、成绩、金钱、外貌这些外在的价值支撑，而是靠自己认定自己的价值，无论处于什么环境，自我内心的平和很重要。每个人都不能没有自信，一个人的自信，需要从小培养，作为父母，我们用合适的方式去积极引导孩子，多给孩子一些鼓励和支持吧！

第五章

分享孩子的喜悦

分享是一种快乐,让别人快乐,自己更快乐!

爱迪生从小喜欢玩泥块,当他用自己的双手成功地把泥块捏成城堡时,内心就无比喜悦,同时希望和别人一起分享。这样的成功体验使他喜欢上创造。从那时起,他开始迷上了发明。从这里,我们可以看到成功的喜悦对孩子所产生的价值和魅力,同时说明分享孩子的喜悦也是非常重要的。

每一个孩子都有把自己的喜悦和父母分享的愿望,都希望得到父母的欣赏和鼓励,我们的一个微笑,一句赞美的话语都会让孩子的心理得到满足。分享是一种境界,更是一种素质。在和孩子一起成长中,我们要及时发现并分享孩子的喜悦,把分享当成一个永恒的话题,让孩子也学会与人分享,享受分享的快乐,在分享中成就孩子的智慧人生。

第一节 分享是一种快乐

分享是一种快乐，学会分享，我们就进入了快乐城堡。独享是一种痛苦，不懂得分享，我们就会走进了痛苦的泥潭。

分享是一种智慧，更是一种豁达。与人分享，能使人的心胸更开阔，使自己变得更睿智。分享的回报是给平淡的生活增添了惊喜，除了让我们拥有朋友、拥有关怀，还拥有不一样的体验和经历。分享的时候我们得到更多的是一份纯粹的快乐和一种回归的质朴与真诚，与现今这个浮躁的社会相比，分享的过程让大家彼此心里充满阳光，让彼此享受这份快乐。

与人分享，便是以自己的喜悦去点亮其他人的喜悦，让大家都享受着这份喜悦，因为与人分享快乐的过程就是放大自己快乐的过程。一个孩子懂得把手里的糖果分给小伙伴，那他就会拥有这份友谊和分享的快乐。一件趣事，一个笑话，一首动听的音乐，自己享受，那是独乐乐；与人分享，大家共享快乐，那是众乐乐，同时也得到了共享者的尊重与信任。有时候，一个人的快乐，像一盏小小的蜡烛，多与他人分享，那蜡烛之火得以延续，使世界变得更明亮。

生活本是一首动听的乐章、一幅多彩的图画，值得我们快乐的事情太多太多。但面对别人的快乐与成功，大家的心态也千差万别。有的人快乐着别人的快乐，有的人嫉妒着别人的快乐，还有的人怨恨老天不公，抱怨这些快乐没有降临到自己的身上。我们不如静下心来想想，无论是嫉妒还是怨恨，都是在拿别人的快乐惩罚自己，还不如与别人一同分享快乐，自己也会获得快乐。

一个善解人意的人，会不经意间做善事，行善积德。因为他善于分享，一个善意的微笑、一句赞美的语言和一个欣赏的眼神都可以给他人带去许多美妙的感觉，让对方感到快乐。

虚伪奸诈的人不会分享，对利益的索取使他鼠目寸光；谨小慎微的人不懂得分享，对世界的疑虑和恐惧淹没了他的好奇；狂妄自负的人不屑于分享，愚蠢的优越感蒙蔽了他的双眼……

刚认识了一位朋友，也算得上是一位优秀的妈妈。孩子在班里是数一数二的优等生，成绩好、组织能力强、多才多艺，是同学们的榜样。然而，妈妈却不会分享她的快乐之道，且处处怕别人"学"到了她培养孩子的方法。当其他同学的妈妈向她取育儿经时，她从来都说："我从不管孩子，孩子很自觉。"而且从来都否认自己为孩子补过课，并且说孩子的作业她从来不过问，也都是孩子自己独立完成的。

不能否认，有的孩子的确有着良好的学习习惯。但是众人皆知，良好的习惯也不是一朝一夕就可以形成的。在习惯的形成中，妈妈不可能没有一些必要的引导和制约。但在该妈妈的嘴中，孩子之所以成绩优、习惯好，全赖孩子天资聪颖、自觉性强。而时间长了，就发现事实并非如此。妈妈不仅在家里积极帮助孩子补习功课、查漏补缺，而且对孩子要求也比较严格。在她的心目中，孩子是绝不可以落到其他人的后面的。看到别的孩子学英语，她也会买来光盘让孩子提前学习和跟读；看到别的孩子喜欢阅读，她也会大批大批地为孩子购书；看到别家孩子开始学琴，她也不声不响地把钢琴搬回了家。这无疑是一位用心良苦的妈妈，于孩子来说，也算一位优秀的妈妈。但是，作为朋友来讲，无疑，没有人愿意和她深交。原因在于，她不愿意与人分享。

上文妈妈的做法，真是大可不必。孩子的前途毕竟掌握在孩子自己手里，小的时候靠父母引导，但父母毕竟是外因，最终还是要靠孩子自己实现社会价值的。这种暗地里努力、唯恐别人超越自己的心态，一定会间接影响到孩子，孩子不会成为一个快乐的人。不愿意分享的人，自己也一定不会是开心快乐的。没有分享，便不能开阔心胸，而心胸狭隘如何能有真正的快乐？生活需要伴侣，快乐和痛苦都要有人分享。没有人分享的人生，无论面对的是快乐还是痛苦，都是一种惩罚。分享意味着没有心与心的隔阂，彼此坦诚以待，那是一种心与心的交流。分享是一种快乐，快乐是可以传递的，就像耕作一样，我们播撒的种子越多收获也就越多。

分享是一种美德，让我们收获更多的快乐和幸运。我们可以将自己一些辛苦得来的经验分享给别人，让别人少走一些弯路，同样，别人也会将自己辛苦得来的经验或者机会，与我们分享，让我们少走一些弯路。分享，可以给别人带来帮助，让别人开心感激，无形之中，就和我们进行了心与心的交流，产生了好感，增加了交流的机会，当我们需要别人帮忙的时候，被分享者就会回馈

我们的分享，主动地帮助我们；当我们和别人分享喜悦的时候，别人会受到感染，感受到快乐，当别人有开心的事情，也会分享给我们，这样也会让我们开心，给我们带来快乐。

> 有一个故事，说一位犹太教的长老，酷爱打高尔夫球。在一个安息日，他觉得手痒，很想去挥杆，但犹太教规定，信徒在安息日必须休息，什么事都不能做。
>
> 这位长老却终于忍不住，决定偷偷去高尔夫球场，想着打九个洞就好了。
>
> 由于安息日犹太教徒都不会出门，球场上一个人也没有，因此长老觉得不会有人知道他违反规定。然而，当长老在打第二洞时，却被天使发现了，天使生气地到上帝面前告状，说某某长老不守教义，居然在安息日出门打高尔夫球。
>
> 上帝听了，就跟天使说，会好好惩罚这个长老。
>
> 第三个洞开始，长老打出超完美的成绩，几乎都是一杆进洞。
>
> 长老非常兴奋，到打第七个洞时，天使又跑去找上帝：上帝呀，你不是要惩罚长老吗？为何还不见有惩罚？上帝说：我已经在惩罚他了。
>
> 直到打完第九个洞，长老都是一杆进洞。因为打得太神乎其神了，于是长老决定再打九个洞。
>
> 天使又去找上帝了：到底惩罚在哪里？
>
> 上帝只是笑而不答。
>
> 打完十八洞，成绩比任何一位世界级的高尔夫球手都优秀，把长老乐坏了。
>
> 天使很生气地问上帝：这就是你对长老的惩罚吗？
>
> 上帝说：正是，你想想，他有这么惊人的成绩，以及兴奋的心情，却不能跟任何人说，这不是最好的惩罚吗？

因此，快乐在于分享，不能分享的快乐是痛苦的。分享是一件快乐的事，当我们看到别人因为自己的分享而获得快乐时，那种喜悦是呈倍数增长的，的确，快乐因分享而产生。

第二节 孩子的喜悦需要分享和祝福

我们每个人都有这样的心理体会,当自己有值得高兴的事情时,总想与人一起分享,获得别人的祝福。我们成年人,有与人分享的心理需要,同样,孩子的快乐和喜悦也需要他人分享和祝福。

有句话说得好:一个人的痛苦,别人分担了就成了半份痛苦;一份快乐,别人分享了就多了一份快乐。孩子更是如此。孩子有了快乐,希望与他人分享,尤其是爸爸妈妈和老师,因为分享的同时,他们还希望得到人们的肯定和赞赏。可我们的很多父母往往忽略了这些,特别是一些在父母看来不起眼的小事上。孩子在生活中、在学校有很多快乐的事情,有时,孩子可能会说给我们听。这时,不要因为我们正忙,或是我们心情不好,而拒绝分享孩子的快乐,要用欣赏和略带向往的心情来分享孩子的快乐。

及时分享孩子的喜悦,欣赏他们当下的成就。孩子考了98分,很多父母可能会为了让孩子再接再厉,就对孩子说:"98分固然很好,再多拿2分就100分了,再努力一点吧。"很多人被"要更努力"给催眠得一辈子都停不下来,仿佛没有能力去享受当下的幸福,忽略了当下的喜悦,他们的整个人生都是为了未来。作为父母,我们不要过于强调永不停歇的努力,而是要让孩子学会享受生命的每一个片刻,在喜悦幸福中按照自己的步调自信前行。我们要好好地跟他们一起去分享当下获得的成就与喜悦。这样,才能让孩子活出从容、优雅和精彩的人生,才有可能成为让我们对他们的未来放心的孩子。

父母积极分享孩子的喜悦,对孩子的成长有着非常重要的作用。

分享孩子的喜悦,有利于协调父母与孩子之间的关系。父母分享孩子的喜悦,让孩子感到父母在关心爱护他们,从而取得孩子的尊重和信任。在家庭中,父母的信任可使子女感到他们与父母处于平等的地位,从而对父母更加尊重、敬爱、亲近、服从,他们更愿意向父母倾诉心里话。分享孩子的喜悦能让父母更容易走进孩子的内心世界,又能让家庭教育有的放矢,获得更好的效果。

分享孩子的喜悦，有利于孩子更好地与别人相处。父母与孩子一起分享喜悦，不但增加彼此的理解与信任，而且可以教会孩子在社会上怎样与人相处，学会分享，获得对方的信任和尊重。

分享孩子的喜悦，有利于孩子更健康快乐地成长。当孩子完成了某项任务时，心里获得成功的喜悦，父母若能及时分享孩子的喜悦，赞赏他们，则可以使孩子在分享中获得成就感，让孩子快乐健康地生活。

在这个分享孩子喜悦的交流平台上，父母常常扮演着两种角色，一是倾听者，倾听孩子的分享，以获得更多信息，成为孩子的亲密朋友；二是指导者，在与孩子一起享受喜悦的同时，对孩子行为随时随地调整、引导、提醒，对孩子施予正面影响。

总之，父母和孩子一起分享喜悦，不但有利于家庭之间的协调和睦，更有利于培养孩子健全的人格，让孩子在健康快乐的环境中茁壮成长。

如果父母没有足够的分享和认同，那么孩子的收获越大，痛苦也就越大。当孩子满心欢喜地向我们诉说自己值得高兴的事情时，我们是什么态度呢？作为父母的我们是在为他们的高兴而高兴，还是在监督和评论他们的表现？

相信很多父母的答案都是：赞美，或者赞美加鼓励。的确，生活中似乎我们经常面对赞美和鼓励。然而作为父母，怎样表达我们的这份赞美和鼓励，从而使对孩子的正面教育效果更好呢？

我们应该用完整的推进式表达，表达出父母对孩子喜悦的真诚祝愿、真挚感受和真心期待。完整的推进式表达技巧包括三项内容：①说出孩子真实的具体行为；②说出自己的内心喜悦感受，而不是评价孩子；③说出孩子的行为还可以往更好的方向推进。

孩子的成长过程，也是父母的重要回忆。孩子开始就读幼儿园或小学时，每逢重要的节假日或父母的生日，学校或许会组织孩子们做些手工或者礼物向父母表达感恩之情，但由于孩子的技术和思维不够成熟，大多数作品都不太适用。这时，如果父母仍欣喜万分地收下那份礼物，而且还告诉孩子说："你织的毛线很漂亮，我好开心。"我们心里高兴的是不久前还要包尿布睡觉的孩子竟已成长如此，因此我们要鼓励他说："你能做出这样的作品，很快也能做出更好的成品，以后可以和妈妈一起织围巾和花瓶垫"，并十分珍惜地把礼物收起来。

和完整的推进式表述相比，对孩子的喜悦进行笼统的肯定，只能让孩子处在一个猜测的状态，并不便于信息的有效传递。一个简单的"好"，是父母按照单方的感受来评价好坏，自然让孩子不知道怎么把自己的问题说出来。

因此，父母要说出具体的事件或者孩子的具体行为，孩子才会更加清楚父母的意图，知道他怎么做是父母能接受的、喜欢的，于是出于彼此的关爱，孩子就会为父母主动地付出。比如当他做得非常好的时候就直接告诉他，"这就是我要的"，这样孩子也很有成就感，下一次还愿意这样做。

此外，父母要寻找亲子间共同的喜悦，考试成绩好、比赛得奖都不是最重要的，重要的是在日常生活的芝麻小事中，找出亲子共同的喜悦，共同分享这份快乐。

分享喜悦就是能够分享事情本身，父母要跟孩子站在同等的立场，尊重孩子，孩子就会因受到尊重而感到高兴并且有成就感。这种分享对孩子而言具有重要的意义。

> 一位母亲去接儿子放学，孩子见到妈妈就笑嘻嘻的，一脸的阳光灿烂。孩子兴奋地说："妈妈，好消息，今天我们语文考试了，作文只扣了一分，老师说卷面再工整一点的话，我的作文都可以得满分了。"孩子抑制不住的高兴。"是吗？祝贺你了！"母亲和孩子边走边聊，孩子简直有点眉飞色舞了，"妈妈，你知道吗？当老师让我在课堂上读了我的作文，同学们都报以热烈的掌声。老师说我的作文立意非常好，真实感人，开头新颖，结构巧妙，总之都是好评，我太高兴了。妈妈，你不知道当时我有多激动啊。"母亲被儿子的情绪感染，一同享受着这个充满喜悦的时刻。
>
> 回到家，儿子迫不及待拿出作文给母亲看，母亲认真地看了一遍，点点头，然后拍拍儿子的肩膀说："孩子悟性真是越来越高了，当然这与最近一段时间经常看书有一定关系。妈妈希望爱读书成为你的好习惯，它不仅越来越多地影响你的作文，还会使你受益更多，妈妈期待你写出更好的作文！"儿子使劲地点头。

有时候，在我们大人眼里不起眼，甚至微不足道的小事，在孩子那里可能就是了不起的大事，当孩子兴致勃勃地把他们认为高兴的事情说出来时，我们千万不要不以为然，认为那都是他们应该做到的，而应该对孩子的小进步、小

成绩做出积极的回应,一起分享他们的喜悦心情。这样是对他们最好的尊重与肯定,孩子也会从我们的快乐中,受到更大的鼓舞,从而激发出更大的前进动力,有助于孩子取得更大的进步与成功。

每个孩子都想把自己的快乐与父母分享,每个孩子都想得到父母的欣赏和奖励。我们给孩子的哪怕只是一句赞美、一个微笑,孩子都会感到心满意足,甚至喜形于色,这是一种积极的情感体验,而这种体验会产生一种继续追求得到满足的心理需要,产生新的动力和兴趣。

第三节 喜悦的分享

与人分享喜悦是双倍的喜悦,与人分担痛苦是减半的痛苦。当孩子遇到喜悦的事情时我们要和他们一同分享喜悦,一个人的喜悦就会变成大家的喜悦,共同的喜悦才最为高兴。与孩子一同分享喜悦,我们也会深受感染,由衷地开心着他们的开心,快乐着他们的快乐。

> 杨澜,既是一名资深传媒人,也是一双儿女的母亲,她的智慧和练达,不仅体现在成功的事业上,更反映在对子女的养育上。
>
> 由于工作的缘故,杨澜不能时刻陪在孩子身边,但她在孩子成长的关键时期,都陪在孩子身边,工作再忙也会抽出时间来陪陪孩子,分享孩子的喜悦,和孩子度过快乐的童年。现今不少妈妈"望子成龙、望女成凤"的思想尤为严重,希望孩子能够赢在起跑线上,把培养神童作为孩子早教的重要内容。但杨澜却不觉得神童有什么好,不要求孩子在某方面特别突出,希望孩子做一个快乐的人。
>
> 杨澜很忙,可谓一个空中飞人,在这样的情况下,还能成为孩子钢琴学校里出勤率最高的家长之一,还能在儿子八岁之前陪着他游历了十五个国家,真让人惊讶。如今的杨澜经常在北京、上海、香港三地飞来飞去,但为了挤多一点时间和孩子在一起,每次出差,她都会安排儿子到机场接送。回到家中,杨澜即使再累再忙,都会抽出时间和孩子交流,专心致志地和他们说话,认真倾听他们说的每一件事,分享他们生活学习上的喜悦,全身心地投入他们的世界。

> 和孩子们在一起的时候，杨澜会与他们玩拼图、讲故事，会和他们打闹，也会和他们一起看电影。童趣带给杨澜很多的快乐。杨澜的儿子喜欢画画，画卡通什么的，课间的时候，小朋友们会排着队请他画画。杨澜跟儿子说："能不能送妈妈几张？"现在，杨澜办公室里挂着的就是孩子的画，她认为这既是对孩子的一种尊重，也是一种分享，更是对孩子创造性思维的鼓励。

分享孩子的喜悦，带给我们无限的快乐，让我们在和孩子一起成长中学会分享彼此的快乐，让孩子更能在父母面前展现一个情感丰富、更真实的自我，让分享成为一个永恒的话题，在彼此分享中成就我们的智慧人生。能在孩子的成长过程中分享孩子的点点滴滴，并能够或多或少参与进去，对于父母来说都是一种幸福。

许多父母也想和孩子一起分享喜悦，但往往做不到，不知道该如何做？其实要做到和孩子一起分享喜悦并不难。

父母须有童心，才能分享到孩子的喜悦。

一个妈妈接女儿放学，女儿一见妈妈就笑得喘不过气，告诉妈妈，今天她们班发生了一件特别有趣的事，说着便手舞足蹈地向妈妈模仿起来。妈妈侧着脑袋笑意盈盈、投入地看着女儿，那神情仿佛告诉女儿：好想加入你们班。

拥有童心的父母，懂得孩子世界的规矩，知道孩子最看重什么。

没有孩子不对虚假深恶痛绝的，即便你伪装得多好，他们都能慧眼如炬，识破你的伎俩。至于连伪装都不屑的父母，就更难获得孩子的喜爱和信赖了。

童心的作用是什么？童心能拉近父母和孩子的距离。许多教育，非亲密关系不能完成，远程教育只适合于长大或已成年的孩子。

孩子的童心世界，就是天堂——是诗的天堂，是想象和智慧的天堂，是父母和成年人失去的乐园。

卡尔威特说："父母的粗暴和专制在孩子身上留下的阴影将永远不可磨灭，这种阴影会让一个本来善良的孩子变成凶残的魔鬼。"

父母拥有童心会让孩子更愿意接近，能更好地分享孩子的喜悦。

美国总统奥巴马的母亲非常乐于分享孩子的喜悦，她拥有一颗童心，经常

跟孩子一起做孩子喜欢做的事，经常陪他一起看日出，甚至可以半夜起来与孩子一起赏月，一边看一边聊关于月亮的趣事，两个人就这样一起享受着许多快乐时光。

父母要尽可能多地增加和孩子的相处时间，多和孩子进行情感交流。时常的交谈与爱抚是亲子间情感交流的重要渠道。除了询问孩子"吃饱了吗？""还想要什么？"之外，还要关心孩子的心情，比如"今天你感觉怎么样？""你有什么高兴的事情要说吗？"，让孩子有机会表达出自己的心情。父母要学会认真聆听孩子内心真实的感受，去分享他们的内心世界。甚至，在我们真的不得不忙于其他事务时，也别忘了给孩子一个歉意的抚摸。

在我们的身边，失去孩童式的欢乐和坦诚的父母有很多。他们在与孩子的相处中，架子端起来，眼睛鼓起来，话语硬起来，这些父母平时的兴趣、爱好，更是与子女大相径庭。孩子唱歌，他们嫌弃，觉得"吵死了"；孩子让他们欣赏手工小制作，他们认为孩子把时间用在手工制作中，属于"不务正业，浪费学习时间"。一次次被泼凉水的孩子，怎么会愿意再与家长分享喜悦心情呢？在孩子们的眼中，这个世界是如此的新颖、神奇，而对于我们成年人已经熟视无睹。父母麻木的眼睛和心灵，仿佛世界就是日复一日的机械重复而已。和孩子在一起，父母需要不断擦亮日渐浑浊的眼睛，洗涤我们日益倦怠的灵魂。

生活中不缺少美，而是缺少发现美的眼睛。父母在羡慕别人家孩子特别优秀的同时，如果能以欣赏的目光去看自己的孩子，会发现孩子在成长的道路上也有许多"成功"，再和孩子分享成功的快乐，对于鼓励孩子、张扬美好个性、树立自信心，有着深刻意义。鼓励的力量是无穷的，我们要学会多元评价、独具慧眼地看孩子，不要不经意间扑灭了孩子的自信火花，在找出孩子的自信和成功的同时，还要用心和孩子分享喜悦，不让其瞬间消失，给孩子努力的方向和动力。

快乐无小事。孩子心灵纯真，每天都很快乐，常常发出愉快的笑声。大人们司空见惯、不以为然的事物，在他们的眼里却是有趣好玩的事情。他们会因为喝到了想喝的饮料而露出甜美满足的笑容；他们会因为突然间看到了喜欢的电视节目而显出欣喜异常的表情；他们会为听到了一支喜欢的歌儿立即欢声歌唱；他们会为发现路边的一棵小树发出新芽而大声呼叫。一个小小的瓶盖、一片落下的树叶、一个被吸完的烟头、一朵含苞待放的花蕾、一颗夜空中的星星、一段色彩亮丽的广告，都可能打动孩子。其实，孩子的世界是那么简单。我们要时刻分享孩子的喜悦，在分享孩子快乐的同时，也能找回我们儿时的快乐。"我画了一间房子""我的车子能飞快地在路上走""我发现我种的花长高了"，当孩子们把这些讲给小伙伴、老师、父母听时，眼里充满的是喜悦。其实，孩子是很容易满足的，一点点变化和体验都会让他们激动万分。有心就能发现，有发现就会有收获，有收获就会有快乐，我们要善于与孩子分享喜悦。

分享孩子的喜悦，做孩子的倾听者。当小孩神秘地对我们说："爸爸，我逮了条蚯蚓，我把它放在纸盒子里。"望着他开心的笑和得意的神情，我们要学会读懂孩子的内心世界，此时他渴望一个倾听者和他一起分享喜悦。这时父母应该应和着："是吗？爸爸也想看一看。"他听到这样的回应，会非常开心。找到倾听者的那份激动，那份欣喜，那份满足，足以让孩子兴奋很久。其实，谁都希望有一个倾听者，更何况是孩子？我们要学会做孩子的忠实听众，让他们毫无防范地表达内心，分享他们的喜悦。久而久之，孩子善于表达，乐于发表见解，敢于坚持自己观点的习惯也就形成了。无论什么时候，只要孩子有想找倾诉者分享的欲望，不管我们在做什么要紧的事，或者孩子的事怎样不值得一提，我们都要停下来倾听，站在孩子的角度，与之交流，分享他们的点滴收获。

分享孩子的快乐是一种幸福，有时，作为父母，我们不妨给孩子"制造"一些成功，让孩子快乐起来，在成功中收获自信。

相信作为父母的都有这样的经历：孩子过生日时，全家聚在一起，分享孩子的快乐。当孩子望着蛋糕，许着心愿，露出快乐和满足的神情时，全家人此刻开心得不得了。其实不一定要等到孩子生日才能享有这样的快乐。孩子只要有好的表现，几乎是藏不住的，当孩子告诉我们"老师表扬了我""我获得了好成绩"，做父母的一定很高兴。这时，我们可以问他："孩子，你希望用什么方式庆祝一下呢？"孩子可能会说："喝一瓶可乐吧？"很多时候，快乐也可以这么简单获得的。孩子希望父母能分享他的喜悦，因为孩子盼望父母能够

以他为荣，为他自豪。

在激励孩子时，要学会发掘，学会分享。我们要把眼光集中在孩子的优点上，强化、巩固好行为，帮助孩子树立自信心，有助于孩子的成长。同时，最好的鼓励不是表扬，不是物质奖励，而是分享，与老师、与父母、与同学共同分享，孩子若能感受到大家因他快乐而快乐，会受到很大的激励，从而让孩子不断发展各种能力，成为生活中的成功者。

一个人最大的开心，不是在遇到让他开心的事情的时候，而是在他开心的时候，有人回应自己。开心有人回应，他的开心就有了更强烈的延续。当孩子因为自己的进步开心的时候，你若表现出和他一起分享着快乐，那么孩子会因为感受到你的这种快乐，而受到更大的激励，进而激发更大的前进动力。分享孩子的喜悦，当然还包括和孩子一起创造喜悦，和孩子一起游戏，并努力让孩子成功，让孩子体验成功带来的乐趣，让孩子在快乐中体验成功。

第四节　让孩子以分享为乐趣

学会分享，是我们中华民族的传统美德，让孩子从小学会分享。每个懂得分享的孩子都能体验到分享所带来的乐趣，并在分享中成长。

如今的家庭，孩子是全家人的宝贝，大人们有什么好吃的自己不舍得吃，全留给孩子吃。父母对孩子的爱无可厚非，但这种爱如果不予以正确的引导，会导致孩子认为好的东西都理所当然地属于自己，这样容易让他们出现自私、孤僻、任性，独占心强、以自我为中心、不合群等问题。

孩子出现不愿意分享的问题有以下原因：

（1）来自父母温柔的强迫。父母很多时候会说"和弟弟一块玩""分给小朋友一起吃"，孩子听到这些话，第一个感觉往往是威胁和强迫，孩子会认为自己的东西必须要分给别人，这对一个小孩子来说确实是不太愿意的。父母的"强迫"行为，常常引起孩子的逆反心理，甚至，觉得父母不在意自己，当然不愿意分享了。

（2）受传统观念的影响，认为年纪大的孩子要让着年纪小的孩子。这种观念使得孩子在分享过程中必造成不平等的现象，让心智和思维都不成熟的孩子很难理解和接受，感受不到分享的快乐。

（3）分享物品的比较。孩子双方所持物品的"优劣"也会影响分享的达成。大家相互分享玩具时，由于对方的玩具不够吸引人，所以拒绝交换分享；或者是孩子太喜欢自己的玩具，怕别人不够爱惜，也会拒绝跟其他人分享。

可以说"自私"是孩子心理发展的必经阶段，孩子们都喜欢把自己喜欢的东西贴上属于自己的标签，而"慷慨"是后天习得的，分享是可以在生活点滴中学会的。

孩子能从"分享"中体验到什么？

将某样东西分享出去之后，孩子看到对方因为自己的分享而变得很开心时，他会意识到自己的分享行为与对方情绪发生变化之间的因果关系，并因此产生成就感，这对提升他们的自我价值很有好处。

只要不给孩子压力，对孩子来说，分享本身就是一个很有趣的游戏，可以带给他很多欢乐。习惯分享、体验到分享的乐趣之后，孩子会发现，分享可以更轻松地赢得友谊，获得更多感情上的支持与回报，是一种很好地表达喜爱之情、拓展交往范围的社交手段。他会因此更热衷于通过这种方式去表达自己。

引导孩子学会分享，以分享为乐趣，培养孩子分享的行为习惯，最终形成乐于分享的品质，拥有更好的社交能力。父母要做的是：

（1）善于与孩子平等交流，适当引导。孩子往往具有"泛灵性"的特点，因此，利用他们的这个特点，我们可以换一种孩子更乐于接受的方式来引导。比如，"你的玩具先借给弟弟玩一会，他待会儿会还给你的，可不可以呢？"如此，孩子就可能觉得这本身对他来说没有威胁，他乐于分享的可能性就大了许多。分享需要循序渐进的引导，比如，我们可以先从孩子比较熟悉、比较喜爱的人开始练习分享，而不要一开始就从他不那么喜欢、不那么熟悉的人开始。同时，我们可以考虑先选择孩子不那么在意的一些物品，引导他去分享，让他先享受到分享的乐趣。等到他享受到其中的乐趣之后，我们再尝试引导他去分享他比较喜欢的物品，孩子就更容易接受一些。通过这种循序渐进的方式，我们就可以在不强求孩子的前提下，轻轻松松引导他爱上分享。

（2）尊重孩子对自己物品的所有权。如果孩子的所有权得不到尊重，他们的内心会有严重的恐惧感，在这种恐惧感的支配下，他们自然不可能乐于分享。我们可以先试探性地鼓励孩子分享，如果碰上孩子特别珍惜的物品，不愿意分享，我们最好尊重他的决定，允许他们自由支配自己的物品。同样地，当孩子的玩具等物品闲置在一旁，别的小朋友想玩时，如果我们确定孩子可能发现这种情况，最好先征求一下孩子的意见，而不是自作主张地将他们的玩具拱手让人。应该跟其他小朋友说："这是我家孩子的玩具，我做不了主。请等一下，我先问问他能不能借给你玩一会儿。"给对方小朋友这样一个解释后，我们再去做自家孩子的工作。

（3）帮助孩子建立分享规则，让孩子知道，分享玩具是安全的，玩具不会因为分享而失去。这样，他才不会抵触分享。比如，当孩子不愿意分享最喜欢的玩具时，我们可以这样跟孩子说："妈妈知道这个玩具是你最喜欢的，你可以把它收起来，我们再找找还有什么玩具可以和其他小朋友一起分享，好吗？"这样，在尊重孩子物权观的同时，也引导孩子建立了合理的分享规则。

（4）引导孩子交换、借用和轮流玩玩具。交换、借用和轮流玩，对孩子来说，是非常好的分享方式。孩子能够借助这些分享方式，交到更多的朋友。让孩子懂得，交换玩具并不会让自己失去玩具，反而可以玩到一些自己没玩过的玩具。比如，可以跟孩子说："你看，姐姐的玩具我们家没有，不如我们看看姐姐的玩具好不好玩，如果好玩就用自己的玩具和她交换玩。"

我们要教会孩子"借用"，教会孩子说"借我玩一会儿，好吗？"等礼貌语言，除此之外，要引导孩子归还借用的玩具。早期孩子在"借玩具"的交往过程中，几乎90%以上都是被拒绝的。如果被拒绝的是孩子非常感兴趣的玩具，或者是接连被拒绝好几次，他们会有一点落寞和难过，这个时候我们要抱抱他们，告诉他们：虽然我们很难过，但这个是没有办法的事情，我们只能接受，因为玩具是别人的，别人的东西应该由别人做主，我们没有办法要求他一定要给我们玩。这时可以趁机跟孩子强调"分享"的概念：如果下次其他小朋友跟我们借玩具玩，那我们要尽量借给人家，不然其他小朋友也会很伤心的。

让孩子懂得"轮流玩"的规则，轮流玩，你玩一会，我玩一会。偶尔也会有几个小朋友围在一起玩一个玩具，这时候父母便要在旁边主持或参与主持，

"排队，轮流玩，一人玩一会"，然后便很"公正"地在旁边维持这个轮流玩的秩序。如果小朋友们都能排队轮流玩，那么在这样的玩耍过程中，小朋友们既可以享受新奇玩具带来的满足感，同时也学会了等待，学会了秩序。学会"轮流玩"是国外儿童教育中非常重视的课程。

当然，孩子因为喜欢别人的玩具，经常会出现不打招呼、直接夺取的行为。这时，做父母的不能因为孩子间暂时没有发生冲突而听之任之，而是要及时提醒和说服孩子去征求玩具主人的意见。用这样的方式来告诉孩子，要分享其他人的东西，必须通过正确的途径达成，这样才不会造成孩子间的矛盾、影响孩子未来品格的形成。

（5）让孩子体验与人分享的快乐，让孩子体会到分享行为带来的收获和快乐，但不要说教。我们可以跟孩子说，"我有玩具，别人也有玩具，分享的话可以拥有更多的玩具。""这个玩具只是给妹妹玩一下，它还是你的！"如果有小朋友分享东西给孩子，我们可以趁机问他："小伙伴把自己的东西分享给你，你开心吗？"若孩子认可，可以进一步引导孩子，"如果你也能学着分享，他也会很开心的。"等孩子体验到分享不仅不会失去自己心爱的东西，反而还能带给自己快乐，孩子就会慢慢从抵触中走出来，乐于和他人分享。

（6）以身作则，发挥榜样的力量。人们常说："父母是孩子的第一任老师。"身教重于言教，父母的行为对孩子影响最大。对于学龄前的孩子来说，父母等家人无疑是他们的模仿对象，父母的言行举止会直接影响孩子的行为。在家庭中，有意识地带孩子一起做些力所能及的事情，比如，和妈妈一起摆碗筷、玩具和衣物等。父母的这种以身作则的榜样行为，会让孩子在亲密、信任的氛围中，体会分享、合作的乐趣。父母之间的分享行为，会让孩子直接去模仿，比如妈妈与爸爸分享一块水果，爸爸说"谢谢"，孩子就有可能去模仿妈妈的行为，把自己的食物伸给爸爸或者与爸爸一起玩玩具，此时对于孩子的表扬也尽量不要敷衍说"宝宝真棒。"而应该具体说出"这个饼干真好吃""和宝贝一起玩玩具真开心"等等。这样孩子会明白他的分享举动，会让大家都很开心，从而强化这种分享行为。有的父母可能会在孩子分享的时候对孩子说："宝宝真乖，妈妈不吃，你自己吃。"久而久之，这种不真正接受孩子分享的行为会给孩子造成误解："分享只是一种形式，东西始终都是我自己的。"容

易出现妈妈吃了一口食物孩子反而会生气的情况。

其实,分享不是只有与小朋友之间的分享,在日常的生活中,作为父母更要很好地与孩子多交流,一起分享各种美好的东西,包括食物、用品、想法、要求和情绪。相信父母喂孩子吃东西的场景大家都经历过,父母在生活中的引导行为能直接影响孩子对分享的理解和实施。孩子的分享行为不是自然形成的,需要我们和孩子一起去培养。

> 每次洋洋要吃东西的时候,妈妈给洋洋拿来他比较喜爱的食物后,都会说:"洋洋,妈妈也爱吃,怎么办"?这个时候的洋洋都会毫不犹豫地把手中的东西递一半到母亲的手中,然后指着妈妈的嘴巴,意思是叫妈妈也吃。这位母亲会非常快乐地吃了洋洋递过来的食物,洋洋也边吃着、边笑着。一时间,孩子与母亲共同享受着这种分享的快乐!在吃的同时,这位母亲会对孩子说:"洋洋给妈妈吃的东西真的很好吃。"洋洋每次听了都会很开心,并愉快地把食物递到母亲的手中。

真诚感谢孩子的每一次分享。几乎大多数父母都无法准确把握孩子真诚的状态。因为孩子早期分享给我们的往往在我们看来几乎是没有价值的东西。废纸片、粉笔头、路边捡到的小物件,或者他们的玩具。作为父母的很难对这些物品流露出一种"被人赠送了一件自己期待已久的东西"的感觉。这时我们对于孩子给予更多的是一种漫不经心的表扬或者夸张做作的感谢。我们应该认真地对待孩子的每一次分享,将这些东西想象成孩子很"重要"的东西。我们不用激动地拍着手,或者脸上表情夸张地说"宝宝真棒!"而是表现一个正常情况下收到别人分享东西的反应,先拿到手上说"谢谢",然后反复看看,表现出很喜欢,视如珍宝。这其实都是我们真喜欢一样东西应有的反应。孩子会在我们的表情中感受到真诚,他们就会意识到自己的分享会让别人快乐,这样他们就会更乐于分享。

比尔·盖茨曾说:"每天清晨当我醒来,我便思索着如何与他人分享我的快乐,因为那会使我更快乐。"比尔·盖茨的确如其所言做到了分享:他与世人分享他最新的研发成果;他与社会分享自己的财富。他在分享中得到了人们的敬重,在敬重里获得了更多的快乐。

不愿分享的人,只能在以自我为中心的小圈子中自以为"幸福"地度过每一天;而懂得分享并乐于分享的人,能够提升人生的情趣与境界,能赢得人们的尊敬。

知心话

当我们分享孩子的喜悦时,彼此的快乐无法伪装。当我们分享孩子的快乐时,彼此的幸福无法掩饰。懂得分享孩子喜悦的父母是快乐的;有懂得分享喜悦的父母,孩子是快乐幸福的。

作为父母,我们要与孩子共享成长过程中的喜悦,为他们的前进目标、努力过程、实现结果而分享快乐。从某种意义上讲,教育孩子的过程就是分享孩子成功的过程,也是与孩子共同成长的过程。由于分享,给孩子增添了信心,加大了成功后的自信感和愉悦感。这种分享,不仅仅是在孩子取得成功后的分享,而是要不断地让孩子看到成功,把"大成功"化为若干个"小成功",这样孩子才会更自信,才会更有毅力坚持,不断努力获得成功。

第六章
倾听孩子的心声

倾听花开的声音，我们能读懂花儿的心思；倾听溪水的歌声，我们能读懂山林的呼吸；倾听孩子的心声，我们能走进孩子的心灵。在每一个孩子的成长过程中都有自己的心路历程，有着各不相同的内心世界。如果父母能多扮演一下倾听者的角色，孩子一定会对父母说出他埋藏在心底深处的话。父母与孩子共同成长，看似平常，但绝不是一个简单的口号，而是一种理念，是一个行为表象的问题，更是一个思想深处的问题。

孩子肩负着父母的期盼和社会的希望，肩负着他们自己的梦想，面对生活的困难，他们要一个人走自己的路。孩子是演员，父母是观众。孩子们有时候可能演得不够好，作为父母要少安毋躁，因为只有在实践中不断地练习，他们的演技才能提高。作为父母，我们尽量少说、多听、多看，爱孩子，教育孩子，必须从倾听孩子的心声开始。

第一节 爸妈，请听我说

倾诉是人的本能，倾听则需准备好理解和接纳的心态。或许我们不时有这样的困惑："孩子越大离我们越远，发生什么事情也不肯和我们说了，更别想知道他们的心里在想什么了。""我是好话说尽，好事做绝，但他还是我行我素，一点效果都没有。"听起来做父母的很委屈，而孩子却诉苦说："爸爸妈妈不理解我的需要，他们想对我说的时候就说个没完，可是我想说的时候，他们总是忙其他事情。"在家庭教育的过程中，这种情况是非常普遍的。其实，在孩子的内心世界里，有许多事情、感受和小秘密，他们很希望爸爸妈妈能真正走进他们的内心，了解他们的小世界里的所有欢乐和烦忧。当父母对他们的小世界漠不关心的时候，孩子就会很失望，甚至变得孤僻不愿分享。孩子是家长的一面镜子，他会折射出家庭教育成功的一面，也能折射出家庭教育失败的一面。

不少家庭出现亲子沟通障碍：父母说的多，倾听孩子说的少；父母下决定的多，征求孩子意见的少，孩子只能被动接受；父母一厢情愿的多，孩子能自如表达内心感受与想法的少，孩子往往处于被动的状态。久而久之，孩子变得习惯性压抑，有什么话都埋在心里，亲子关系疏离。有的孩子甚至感到父母很恐怖、不可理喻，个别孩子甚至想尽快离开家庭。

父母与孩子之间的沟通障碍很大程度上来自倾听的缺失，这既折射出当今父母在教育观念上存在的误区，同时也反映了社会压力下父母们面临的心理困境。倾听的缺失存在多重原因：

父母传统观念上要求孩子"听话"。很多父母都希望孩子"听话"。长辈说什么就是什么，孩子必须照着做，父母还没有从内心认可亲子交流是平等的，认为任孩子在自己面前说三道四，在某种意义上降低了父母的威严。有的父母甚至认为，"双向沟通只是理论，孩子得听父母的，我们关心的就是如何让孩子听话。"也有的父母说："孩子思想太单纯，说话也不靠谱，我们更没那么多时间听孩子说。"有相当比例的父亲因为工作忙、应酬多、社会职务多，根本无暇与孩子沟通。另外，在个别父母的头脑中仍存在着"船到桥头自然直"的观念，觉得不沟通也出不了大问题，做父母的在孩子面前不必那样小心翼翼。

对于亲子沟通，父母和孩子都有苦衷。父母认为孩子思想太复杂，想法太多，与他们沟通太难；也有一些父母发现自己的知识水平和能力与孩子之间的差距逐渐拉大，彼此越来越没有共同语言，所以干脆回避与孩子的沟通，每天三两句只说生活起居；还有的父母担心与孩子沟通不畅，索性不与孩子正面交锋，以免因冲突而恶化亲子关系。试想，在这样的心态下，父母怎么可能把孩子"当作独立的一个人"来尊重，把孩子每天经历的事当作重要的事，去关怀、去陪伴、去了解、去体会，又怎么能用心去倾听。孩子的困扰在于，怕父母没有兴趣听，甚至嫌自己的情感太肤浅、想法太幼稚、做法不成熟；怕父母不相信自己，即使有苦恼说出来他们也不重视；怕沟通效果不好，最终不但不能被父母理解，还耽误了时间，影响了与父母之间的关系。

父母忙，孩子也忙，是当今社会生活的真实面貌。家庭中的每一个人都在抱怨：这样忙碌的生活，怎么有办法特别注意彼此的沟通呢？作业还写不完呢，还要去培训班呢，还有一大堆家务要做呢……因此，有些孩子和父母本来有话说，却没有时间说，晚上回到家里，常常是各忙各的。

为了消除亲子之间的沟通障碍，父母应该深入了解孩子，认真倾听孩子的心声，用倾听表达父母之爱。沟通并不完全是说、讲、谈，真正重要的沟通元素是"倾听"。父母要开启和拓宽亲子沟通的渠道，在倾听中让孩子能够真诚地表明想法和感受，而不必担心被拒绝。在心理学上，倾听更具有安抚心灵的作用，当孩子遭遇挫折、困难，感到沮丧或难过时，倾听能够沉淀和平复孩子复杂而激动的情绪。

父母与孩子间还应该相互积极沟通，作为父母更应该耐心主动地倾听小孩的想法和问题，还应积极地与孩子们进行语言和心理的沟通，让他们觉得自己的想法和意见也能得到平等的对待，就会理解和接受父母的良苦用心。

许多父母，不是不能听，而是不愿听。要学会倾听，我们必须具备应有的倾听态度，工作再忙，也要给孩子说话的机会，尊重他们的人格，认真倾听他们的说话。古人云：人之相交，贵在交心。所以，父母要放下架子，利用一切

可以利用的时间、机会倾听孩子的心声和想法。

我们要时时聆听孩子的想法和观察他们的反应，了解孩子的意愿，不论我们对孩子的期望是什么，"你想要做什么？"这句话对我们和孩子都有很重要的意义。

> 有一位妈妈平时工作兢兢业业，对待自己的孩子也是掏心掏肺，大小包办，面面俱到，事业家庭都兼顾到，俨然是一个十全十美的妈妈。可是在一次家庭角色评分中，女儿对妈妈的评价是不及格。这样的结果让妈妈很痛心，也不理解。
>
> 一天，妈妈发现书桌上有一封信，写着"给妈妈"，那是女儿写给妈妈的话："妈妈，我需要的不是全盘付出的爱，而是尊重和信任。你的辛苦和你对我的爱，我看在眼里记在心里，可这样的爱有时让我觉得很累，我心里想的你不知道也不理解。妈妈，爱我就静下心来倾听一下我的心里话吧，不想再看到你忙得连喝水的时间和听我说句心里话的时间都没有。"看到这里，妈妈深思了一会，然后微笑了一下，她仿佛找到了问题的答案。

父母对孩子的爱是无私的，是让人感动的。但孩子真正的需要是什么？或许，一次促膝长谈比一顿丰盛的晚餐更能让孩子觉得满足。作为父母的我们，再忙也要给孩子留点时间，用心去倾听他们内心的想法，让他们说出自己真正的需求，这样孩子和父母之间的沟通会畅通且充满爱。

有教育家曾说："多蹲下来听孩子说话，你看到的将是一个纯真无邪的世界。"也就是说，父母只有放下成人的姿态，与孩子形成情感共鸣，才能真正走进孩子的内心，了解孩子的心理和需求。

我们要俯下身子，多倾听孩子的心声，用我们的智慧和人文般的关怀去开启孩子的心扉，走进孩子的内心世界，去点亮他们的世界。

第二节 走进孩子的内心世界

倾听，是我们在人际交往中必须学会的一门艺术，是排解矛盾或宣泄情感的有效途径。可是，许多父母却忽视了孩子也有自己的思想，也有自己的快乐、痛苦和忧愁。父母倾尽所能给孩子创造一个优渥的经济环境，殊不知孩子的心底也有一个世界。做智慧父母，用爱去倾听孩子心里的声音吧。

孩子大多兴趣广泛，对各种事物都充满好奇心，并乐于分享自己所见过的一切，如一只没有名字的小狗、动画片里一个可爱的人物、路边的小花、班上表现幽默的同学等。孩子总是兴致勃勃地向父母讲述这些在他们眼里充满乐趣的事情，而大多数的父母却认为这些小事过于平常，要么打断孩子的话，叫孩子安静；要么听得昏昏欲睡，任由孩子一个人在旁边从兴致勃勃说到意兴阑珊。于是伴随着孩子的长大，父母与孩子间的隔阂也就越来越大，甚至许多孩子把自己封闭起来，不愿意与父母过多交流，变得沉默寡言起来。我们要学会倾听孩子心声，用心和孩子交流，成为孩子成长过程中最亲密的朋友、最好的老师、最慈爱的爸爸妈妈。

不少父母总是在后知后觉中才意识到自己错过了孩子的成长，孩子早就不再信任他们，也不再与他们说所见所闻以及自己内心的情感需要。孩子的成长有其自己的规律，父母要了解孩子的内心世界，在孩子年幼时就和孩子建立亲密的信任关系。

与孩子交流要诚实守信。孩子的世界虽然是单纯的，但是如果我们欺骗了他们的话，他们也是会记住的，即便是嘴上不说，但他们的心里认定父母就是骗子，不值得信任。所以我们要对孩子讲信用，要遵守承诺，答应孩子的事要说到做到，不需要孩子提醒，也不要敷衍孩子，把诺言当作耳边风。这样孩子才会将我们当成值得信任的人，我们才可以走进孩子的内心世界，更好地和孩子沟通交流。

父母与孩子间多进行思想上的交流，不仅可以让父母了解孩子的真实想法与内心世界，也可以让孩子体会到父母的苦衷，逐步学会为父母排忧解难，学

会主动承担家庭责任。在日常生活中,孩子的说话状态、动作或多或少都可以反映出孩子的内心世界,父母应在日常的一言一行中注意观察自己的孩子,了解他们的喜怒哀乐。同时,孩子的作业本、笔记本上的小小涂鸦也是他们心灵独白的一部分,从中也可以了解到不少信息,父母也可从这些地方入手了解自己的孩子。但重要的是,父母应该把孩子当成自己的朋友来看待。

对孩子要亲和,不要使用暴力。小孩子一般都是很乖巧的,只要我们告诉他们一个道理,即便是他们现在还不理解,他们也是会记住的,会在以后很长的一段时间里按照我们的道理来做事的。而如果我们使用暴力的话,虽然会让孩子现在按照我们的说法去做,但是不可能赢得孩子的认同,只要有机会,他们还是会反抗的。

换位思考是每个人都应该学会的思考方式,不能用成人的标准去要求孩子。试想,自己还是小孩的时候,可能做得还不如现在的孩子。真正把自己当成孩子去思考的思维模式,是走进孩子内心世界的重要途径,真正站在孩子角度的谈话才能让孩子信服。

父母要多和孩子沟通交流,了解孩子的内心世界,知道他在想些什么,在和孩子沟通时,父母多引导,少说话。每个人在和别人沟通时,都不喜欢别人打断自己的话,孩子也是一样,在聊天的时候,父母可以引导孩子说出自己的想法,但是尽量少说话,多倾听,不要孩子说一句就赶紧插上话,如果这样,孩子慢慢地也就不愿意再多说话了。睡觉前,孩子是最平静的,也是孩子最愿意打开心扉的时刻,好好把握睡前的时光,慢慢地和孩子聊会天,不仅可以知道孩子这一天都发生了什么,还可以知道孩子的很多不想说的想法,然后我们再考虑如何和孩子拉近距离,并同孩子一起做游戏,享受亲子的乐趣。

2013年5月12日凌晨,河南省周口市发生一起杀人案,周口市中院审判委员会委员高天峰和女儿高玮艺在家中被杀。警方随后查明,高天峰的儿子高玮晟涉嫌雇凶杀人。

雇凶理由困扰着高玮晟的亲友。在周围人的眼中,这个18岁高三男生随和、幽默,喜欢打篮球和网游,和其他同龄人无异。但高玮晟很早就在网络上诉说自己心理有"阴暗面"。这个被家庭宠爱的男生,由于超生,从小东躲西藏以隐瞒身份，为此他抱怨父母的"无情"。由于家庭对其学业上较高的期望值，高炜晟多次向同学表示"不堪压力"。

"我也经常幻想杀人，也喜欢在夜里游荡，我怕黑，又害怕寂寞，但我总有一些让人难以接受的想法，我恨世界，我想把它洗干净……"2012年4月，高炜晟曾经在阴暗吧里发帖，这样描述自己的内心。一年多后，这个自称"幻想杀人"的大男生涉嫌雇凶杀害了自己的父亲和姐姐。

高炜晟在家里深受宠爱和重视，但他的童年算不得愉快，他是家里的宠儿，但却因超生从小东躲西藏以隐瞒身份，他为此怨恨父母"无情"。高炜晟平时与家人缺乏沟通交流，内心的声音无法向家人倾诉，因怨愤积压太久而选择了极端的方式去发泄，导致了悲剧的发生。倘若他的家人平时多跟他交流沟通，多倾听他的内心想法，及时给予正面引导和排解，或许结果就截然不同了。

多鼓励、肯定孩子。当孩子完成某项任务的时候，要学会鼓励，孩子都是喜欢被表扬、被鼓励的，特别是来自父母的鼓励，对他们来说是一件最值得开心的事情，一句鼓励的话语就可以很好地将彼此的心紧紧联系起来。经常得到肯定的孩子会变得自信，会更容易敞开心扉；自卑的孩子通常都不愿意打开自己的心扉。适时的赞美对孩子来说重要性不言而喻，当然，不能盲目地赞美，就事论事肯定是最好的方式。

给孩子空间，关注孩子的交友问题。有些父母认为孩子交的是不三不四的朋友，不同意孩子交朋友，以为这样就可以杜绝孩子与不良少年的交往。其实，这样做不仅让孩子反感，而且关闭了了解孩子内心世界的大门。我们应该给孩子空间，把孩子的朋友请进来，可以在自己的视野范围里观察孩子，就可以更多地了解孩子朋友的家庭成员、特长爱好等，更多地了解自己孩子的心理世界和审美观，甚至他的不良习惯；否则两眼一抹黑，鞭长莫及。例如，现在的孩子喜欢开派对过生日，邀几个要好的伙伴，要一些食物和饮料，就满怀欣喜，载歌载舞了。这时，父母可以为他们开启方便之门，做一桌饭菜，买好适量的饮料与食物，让孩子自己邀请好伙伴到家里来，父母做好饭菜后再出去。这样可清楚孩子的好伙伴都有谁，既可以让孩子高兴，又可以关注到孩子的交

友情况，更容易与孩子拉近距离，走进他的内心世界。

再忙也要多陪陪孩子，和孩子相处要像朋友一样。随着生活压力的增大，家长似乎把所有的时间都花在应付工作、交际和消遣中，而对自己孩子总是觉得亏欠。其实孩子最需要的不是我们成人眼中的物质，而是父母与孩子相处的时光。再忙，我们也要多陪陪孩子，孩子的成长只有一次，错过了就不再重来。我们与孩子相处时要以平等的姿态，以朋友的心态与他们交谈，多听听他们内心的声音，也许你会发现不一样的美。

李开复一直坚持的教子观：和孩子谈心，多听少讲。作为父母，我们可以告诉他我们每天经历的事，也可以问问他一天经历的事。如果他告诉我们做了什么"不该做"的事情，这时我们要稳定情绪，不要训话，不要生气，多听少讲。当孩子认为和父母聊天没有"被惩罚的威胁"时，他才会无所不谈。其实父母亲要做孩子的朋友，就是要让孩子对父母无话不说。要让孩子对父母无话不说，前提是孩子要对父母有足够的信任。

或许有些父母会有些疑问：倾听，我们一直都会的，不过效果就是不太好。是的，倾听是一门艺术，说起来简单，做起来却不容易。例如，孩子放学回来说，每天作业这么多，他真不想做了。而大部分父母的反应是：①作业多，也是老师为你们好。②又不是你一个人作业多，大家都是这样，有什么好说的，赶快去做！③作业是太多了，要不你休息10分钟再做吧。想必我们已经意识到，反应③是父母捕捉了孩子的"感觉"而说出的带有关爱的话，孩子感觉到父母的关心和体贴，"真不想做"是他负向情绪的一种言语宣泄，并非他真的"不做作业"。而①和②的反应很可能引起孩子顶嘴："我没有说老师不好""我没有说别人作业不多"。孩子觉得跟父母讲话"真没意思"，因为父母走不进他的内心，听不进他的"感觉"，曲解了他的意思，而父母又可能指责孩子对大人没有礼貌，结果大家都很不愉快。

或许，正是因为做父母的身份使我们更容易忽视对孩子的倾听。所幸，倾听是可以学习的。由于种种复杂的社会原因和心理原因，人们往往不愿或不习惯把自己内心的意思直接说出来，常常是委婉地转个弯儿说出来，还有一些话，甚至不是用语言"说"出来，而是用眼睛、脸部表情、身体动作"做"出来。这就要求做父母的不仅要能够倾听孩子"说"了什么，还要去理解语言里

面的"含意",并且能够"读"出那些没有声音的"话"来。如果父母不能做孩子忠实的倾听者,就有可能误会孩子,也可能被孩子误会。为了达成父母和孩子的良好沟通,走进孩子的内心世界,父母需要从倾听开始做起。

第三节 用积极的态度去倾听

我们想和孩子有效地交流沟通,就要有一颗赤子之心,以积极的态度去倾听,先把自己变成孩子,走进孩子的内心世界,融入孩子的生活,了解孩子的真实想法。当孩子有了和我们交流的欲望时,不管我们多忙,不管孩子说什么,都不能简单粗暴地扼杀孩子的这种欲望。

父母要用认真的态度去倾听。良好的倾听并不是被动的行为,它需要听者付出努力、全神贯注并做出回应。只有认真专注才能弄懂别人在说什么。父母在与孩子沟通的时候,应表现出热情、有兴趣;父母应当高高兴兴地与孩子交谈,认真倾听孩子的话语,正确理解孩子的想法和感受;当孩子讲话的时候,父母不要打断他、不要指责他,并能从孩子的立场去理解他说话的内容,使孩子觉得他是被理解、被重视和被接纳的。只有这样,孩子才会对父母敞开心扉。孩子希望跟父母说话,这是一个既合理又简单的要求,父母认真倾听,不发表任何意见,也是可以的。因为父母认真倾听就是对孩子的尊重,就是对孩子的关爱。

送给孩子最好的礼物,是让孩子知道他们所说的每一句话父母都认真听了。父母可以通过表情、微笑等表明自己听懂了孩子的话。孩子最爱吃惊,用父母的话来说就是"大惊小怪"。他们希望看到父母对自己说的事情表示出吃惊的表情,能把父母吓住说明自己有本事。在倾听孩子说话过程中父母可以用简单的话,比如:"太好了""真是这样吗?""我跟你想的一样"等话来表示对说话内容的关注。

父母倾听孩子的话,应该抱着一种平等的态度,不能让孩子感觉父母高高在上。当父母以平等的心态倾听孩子诉说的时候,孩子就会从父母这里得到安全感和信任感，从而，沟通就会变得顺畅。然而在现实社会中，许多父母在生活上对孩子十分关爱，可以说得上是"衔在嘴里怕烫着，吐出来怕冻着"，可真正将孩子作为有人格尊严的人看待的父母却并不多。没有平等和尊重，就没有真正意义上的沟通和交流。谦虚平和，体现的是生命之间的尊重，是与人为善、心平气和、虚怀若谷的姿态。只有尊重别人的人才能获得尊重，高高在上、盛气凌人的态度，已经关闭了父母与孩子交流的大门。父母要站在孩子的角度为孩子考虑，以平等的态度倾听孩子的心声，以朋友的身份安慰受委屈的孩子。

"放下身段"倾听，与孩子打成一片。"放下身段"对于父母而言说起来容易做起来难。孩子心情不好，可能会表现出一时的"消沉或放纵"，比如做作业时趴在桌上偷偷哭泣，或是情绪不好时弄坏书本以达到发泄的目的，等等。这些小小的消极行为，往往会被父母斥责为"没出息"。其实，人都有郁闷伤感难以自抑的时候，孩子的心理承受能力比成人差，遇到问题更容易表现出悲观失望的情绪，甚至会委屈地哭泣，这种情况下，父母应当放下身段耐心地倾听孩子诉说，安慰孩子，而不是居高临下地斥责孩子。孩子与大人之间总会有一定的隔阂，这种隔阂来自年龄的差距，想消除这种隔阂，必须学会与孩子打成一片，和孩子一起玩游戏，一起看书，一起跑步，一起玩玩具。只有放下自己的身段，才能换来孩子真心的对待。

有一次，小茹回到家躲进了书房，也不出来吃饭，母亲叫她，小茹还是不出来，妈妈二话不说直接说了她几句，她竟然跑出来对着父母大吼了一通。母亲气得回到卧室也不吃饭，并恨恨地嘟囔着："这孩子越来越不懂事、不像话了，有什么大不了的事回到家要跟父母发脾气？"

这时父亲放下手头的事，陪女儿坐了下来，问她到底发生了什么事。也许父亲的提问勾起了小茹的伤心事，她的泪水夺眶而出。她边擦泪边跟父亲说："爸爸，我今天跟班上一个男生打架了。明明错在他，我也已经忍让他了，但是他得寸进尺，一再地找我麻烦。最后老师当众批评我们，当时我好委屈，很难过，心里想，爸爸妈妈要是在我身边多好啊。"说完，小茹又开始哭了。

父亲听了女儿的话，赶紧劝导和安慰她，小茹的情绪渐渐平静下来了。父亲的倾听和安慰给了小茹希望和好心情，让她有勇气先自我检讨，并从委屈和失落中走了出来。

孩子受了委屈、有心事，父母应该及时像朋友一样跟孩子交流，帮助孩子，不能碍于面子放不下身段，甚至用不耐烦的口气责怪孩子。父母"尊严"中的冷漠会让孩子感到无助和伤心，放下身段和孩子交流，像朋友一样倾听孩子的心事，将会有利于他们身心的健康成长。

交流的最高境界是心与心的沟通，这种境界的基础就是彼此的诚意，真心才能换真意。敷衍了事的态度，谁都会察觉，没有人愿意把自己的心敞开给一个鄙夷、轻视他的人。父母如果用心倾听孩子所说的每个细节，就会了解更多，就可能发现事情的真相，可以及时纠正孩子认识上的不足。我们带着爱去倾听，即使孩子说错了话，我们也不要大惊小怪，孩子哪有不说错话的。

父母倾听孩子的心声不是单向的沟通，而是一种双向的互动，也就是说在倾听的过程中，父母应当用心并饱含爱意。当然，父母关心孩子不是领导关心下属，所以父母不应像领导倾听下属诉苦一样，除了安慰和劝导之外便是就事论事，而是应该带着深深的爱走进孩子的内心。倾听是为了帮助孩子化解烦恼，消除困惑，如果这种沟通缺乏爱，那么就难以深入孩子内心，唯有温热的爱，才能把孩子的心灵捂暖，而孩子心中的"冰"自然会融化。

> 小兰和"死党"安安一向很要好。有一次，因为一点小误会，安安误解了小兰，并不再找她玩。在放学路上小兰主动和她打招呼，没想到安安却愤然地转过头，把小兰远远抛在身后。
>
> 小兰非常伤心，回到家后，一边吃着饭，一边郁闷地流着眼泪。妈妈见状，赶忙用纸巾帮小兰拭去眼泪。小兰放下筷子，妈妈便挨着小兰坐下来，主动让她说出心事。听小兰说完，妈妈了解到孩子因为与朋友之间小小的误会而伤心郁闷，想到饭才吃了一半，怕孩子吃不饱立即热了半杯牛奶递给小兰，小兰手捧着牛奶，感觉到了温暖和妈妈的疼爱，心情舒缓了许多。紧接着，妈妈把手放在小兰的肩膀上，跟她讲朋友间相处的道理，并开导小兰对朋友之间的矛盾要放开心胸，不能动不动就掉眼泪，应该积极去面对和解开矛盾。听了妈妈的话，小兰郁闷的情绪渐渐消散，她撒娇似地趴在妈妈怀里，并对妈妈说自己第二天就去找安安，要主动和安安消除误会。

爱可以使人沐浴在春风里。孩子在困惑失意之时，父母的爱可以给孩子注

入强大的精神动力。用心用爱去倾听,将爱播撒在点滴细节中,沁入孩子心灵。小兰妈妈并没有用太多安慰的语言,但她一系列爱的行为、动作足以把女儿的心扉打开。有了这种爱的氛围,孩子自然更容易听进妈妈的劝导,弄明白其中的道理。孩子需要父母的倾听,更需要父母的关爱。父母如果能把爱融入每一次的倾听,那么与孩子沟通的效果自然不言而喻。

第四节 学会倾听孩子的心声

作为父母,我们总以为给孩子吃好的、穿好的,给他们买许多玩具或者多带他们出去游乐场就会使他们幸福。虽然孩子的物质选择是越来越多了,但是孩子最想得到的东西并不只是物质,尊重孩子的选择,和孩子达到精神上的沟通才是孩子幸福的源泉。与其说,父母在教育孩子,不如说,我们在和孩子共同成长。为人父母不容易,父母唯有不断学习成长,和孩子同频率沟通,才能和孩子建立更亲密和谐关系。

孩子心中的烦恼就像一场暴雨后的水库,父母的倾听就像是打开了一道闸门,让孩子心中的洪水缓缓流出。如果经常得不到发泄和疏通,孩子的心灵,这个还不坚固的小水库有朝一日就要决堤。如果孩子心中的困扰能向爱自己的人说出来,通常问题就已解决了一半。对孩子来说,随时有人倾听自己所说、关注自己,这是一种莫大的心理上的支持;把自己心中的烦恼表达出来并且确知不会被嘲笑,这更是对问题的一种再认识和净化。所以,要保持孩子的心理健康,要在家庭中进行心理健康教育,父母必须从学会倾听孩子的心声开始。每一扇门都有开启它的钥匙,同样每一个孩子都有走进他内心的方式。学会倾听孩子的一切是走进孩子内心的第一步,也是我们作为父母需要学会的第一课。

学会尊重孩子,耐心倾听。我们总是认为已经把天底下最好的东西给了孩子,觉得自己做得无比完美。很多父母一切只按自己的想法去做,不去考虑孩子的想法,不和孩子真诚地交流,不倾听孩子的心声,随意地将自己的想法强加给孩子，殊不知会把孩子与生俱有的某种天赋残酷地扼杀掉。所以，我们不要把自己的意愿强加给孩子，每个孩子都有自己的喜怒哀乐，即使父母，也无权要求他们事事按照父母的意愿来做，即便父母是为了孩子好。只有学会尊重孩子，平等地对待孩子，耐心听取孩子的想法，才能从积极方面引导孩子，促其自然健康发展。让孩子按照自己的意愿行事，孩子不但开心、乐观，还能养成独立、有主见的性格。

孩子小，但是并不代表他们什么都不懂。父母要把孩子当成一个独立的个体，当成一个大人一样来尊重。

我们每个人都希望得到别人的尊重，孩子也不例外。有的时候孩子的想法可能大人很难接受，但是，请尊重他们，耐心地倾听他们的心里话，这样孩子才会觉得大人是真的理解和尊重他们，是可以亲近和说知心话的朋友。

> 亮亮家要搬新房子了，这段时间他特别高兴。可是亮亮今天很不开心，连小朋友喊他出去玩，他都不出去。爸爸以为他生病了，走过去询问了一番，只听亮亮低声地说："妈妈总是喜欢在别人面前说我的隐私，别人都笑话我了。"原来昨天他妈妈接他放学回家，亮亮提议去新房子看看，正好顺路，他妈妈就带他去了。亮亮从这个屋跑到那个屋，玩得浑身是汗，可玩累了没地方坐，他灵机一动，一屁股坐在了抽水马桶上，结果弄得屁股脏兮兮的。当时他妈妈笑坏了。晚上到了亮亮奶奶家，当笑话一样跟大伙说了这回事，大伙儿听了乐不可支，一起笑话亮亮。亮亮真是气坏了。亮亮向爸爸诉说了委屈："妈妈一点都不尊重我，总是在众人面前说我的不好，把我的丑事当作开心事这样公开，我觉得很没面子，还有就是稍稍犯点错误，她就会说：'你将来怎么办啊……'一听到这句话，我就恨不得找个洞钻进去。"

亮亮的话应该引起我们的重视。身为父母的我们，总觉得孩子还小，不愿倾听孩子的心里话，常常忽视他们的独立人格并表现出不尊重孩子的意愿，这容易给孩子的心灵带来创伤。

父母应当注意倾听的表情和动作。由于孩子往往个头不高，父母应当蹲下来或坐下来，面对着自己的孩子，身体微向前倾，表情应当平静、柔和，眼睛尽量与孩子平视。在孩子说话的过程中，自己不要随便插话。父母应通过点头、微笑或者用"噢……""哦……"表明自己对孩子说的话很感兴趣。如果孩子停了下来，父母可以用一些引导性的句子，如"请你继续说""你的意思是……"等，引导孩子继续说下去。如果孩子在诉说时有不清楚的地方，可以让孩子举一些例子。孩子可能说"老师们都不喜欢我……"，父母可以很平静地接着说"你怎么知道的？""比方说……"或"你可不可以举几个例子"等，让孩子说得更清楚、更具体一些。这样通过温和的方式让孩子尽情地吐露心声，父母可以根据了解到的情况考虑如何引导孩子解决问题。

营造倾听的氛围，做孩子的忠实听众。在家庭生活中，父母应该有意识地创造一种能够耐心倾听孩子说话的氛围，例如一起去散步，一起做游戏，参与孩子喜爱的活动，给孩子表达内心的机会，和蔼地倾听孩子讲话。在孩子遇到困难或者挫折的时候，父母亲切地留在孩子身边，温和地抚摸或搂住他，倾听他的诉说，讲几句关心的话。久而久之，孩子就会对父母敞开心扉，主动把心事告诉父母。

学会抓住时机倾听。倾听是通向孩子内心世界的桥梁。它是一门艺术，更是一门学问，倾听会加深孩子对父母的信任，可以使父母成为孩子的朋友。抓住时机，从时间来说，应该是学习时间以外的零星时间或不影响睡眠和吃饭的休息时间。比如放学后、做完作业后、饭后小憩或者周末。千万不要在饭前或睡觉前，因为，这时谈话孩子容易不耐烦，而且容易影响食欲、影响睡眠。从机会来说，最佳的时机是孩子情绪波动的时候。比如：考试得到了好成绩，在学校受到了表扬后特别高兴的时候，这时候他们什么事情都肯讲；在遇到困难无法解决，想求助的时候，父母主动关心孩子，他们会感到特别温暖，容易讲出心里话；在发生了一些重大事情的时候，可能会有共同语言；还有一起完成某件事情的时候，或一起外出游玩的时候，都比较容易沟通。当孩子想向我们倾诉时，无论我们正在忙什么，都要暂停一下，真诚地做好倾听的准备。选择恰当的时机倾听，才能达到倾听的目的。

当然，倾听并了解孩子的心事之后，更重要的就是和孩子一起探讨解决问题的方法。这时千万不能讥讽孩子无知或瞎想，否则就会前功尽弃，孩子今后再也不敢跟父母交心了。父母可通过一些引导句子如"你打算怎么解决这个问题？""我们一起想想看，有没有什么好的办法解决"等，来引导孩子自己动脑筋解决问题。想让孩子长智慧，想让孩子保持心理健康，我们就要多听听他们的心声，多了解他们。

当我们与孩子达成共识，共同去创造某种成果的时候，孩子所创造的价值与效率远远比父母预期的要大得多。倾听孩子的心声，关注孩子的心理，与孩子进行有效沟通，才能很好地促成孩子情商和智商的发展。

知心话

　　给得再多，不如懂我。爱孩子的父母，应该是有勇气和智慧的，勇于打破束缚，善于改变自己的思维模式和表达方式，主动接近孩子，倾听孩子的心声，试着换位思考揣摩孩子的感受，而不是期待孩子永远听话，等待孩子跟自己亦步亦趋。倾听孩子的心声，父母要有"想听"孩子说话的愿望，尊重孩子、允许孩子有自己的看法和感受，真诚接纳孩子的不同意见。现在家庭教育进入了一个对话时代，学会倾听是现代社会的需要，是父母与孩子沟通的润滑剂，只有学会倾听才能知道孩子的心里在想什么。因此父母要在生活中学会倾听，懂得倾听，才能够与孩子顺利对话，才能成为合格的父母。

第七章
激发孩子的潜能

大家都知道每个人身上都有巨大的潜能，但是，我们对于自身有什么样的潜能，往往不是很清楚。事实上，一个人的潜能常人难以想象。在一般情况下，人的能力只发挥了很小很小的一部分，而在受到刺激的情况下却能超水平发挥。

人的潜能是无限的。马克·吐温曾说过："人的思想是了不起的，只要专注于某一项事业，那就一定会做出令自己惊讶的成绩来。"

很多父母都以为有很多事情是孩子干不了的，不相信他们能把事情做得那么好。或许这与现代的家庭教养有着极大的关联。很多孩子都是家里的宝贝，父母对孩子宠爱有加，事事顺着孩子的要求，以至于很多孩子在家里就像一个小公主或小皇帝一样。很多原本是孩子力所能及的事情，在父母眼里却总觉得如果让孩子去做一定会出问题，还不如父母做来得干脆。其实每个孩子都有着巨大的潜能，父母要相信孩子有解决自己问题的能力，我们只能"陪"孩子走过苦涩，绝不能替他们解决问题。只要父母愿意去发现和激发孩子的潜能，相信孩子是不会让父母失望的。

第一节 潜能无限,发挥榜样的力量

所谓潜能,指具有发展某方面才能的特殊素质。任何一个孩子都有自己的特长,这就是潜能。潜能为孩子的智力开发奠定了良好的基础。但是如果孩子没有展示潜能的环境和教育,发掘他们的潜能就成了个难题,很有可能孩子的天赋潜能会被无声无息地埋没掉。

孩子的潜能是无限的。从孩子的成长来看,每个人都有自己独特的优势,只要我们能够找到发挥自己潜能的方向,辅之以合理有效的学习,就能够取得应有的成绩,这种现象叫作"瓦拉赫效应"。大量事实证明,一个人只能从自己的优势而非劣势中获得成功。"瓦拉赫效应"就是让我们找到发挥孩子潜能的优势,因势利导,让孩子有更多的机会成才。

演员蒋雯丽的育儿观是:彰显孩子的个性,尊重个性潜能的发掘。她将3岁的儿子和和送进国内的一所西式学校读书,希望给孩子一些国外的优秀教育,同时在有几千年文明历史的古国上,吸纳一些传统美德。她和老公顾长卫都愿意把孩子塑造成有个性的人。所谓个性教育是与划一性教育相对应的教育,它强调尊重人的个性潜能的发掘,主张培养良好个性素质全面和谐发展的人。蒋雯丽的育儿观对孩子个性潜能的发掘有极大的帮助,个性决定一切,思想新潮,方显教子深邃。

任何一个孩子都具有独特性,请尊重孩子。父母不要把自己没有实现的理想强加到孩子身上,或者把自己没有做到的事情逼着孩子去代为完成。我们要明确在孩子中间不存在所谓的"差等生",就算他们如今表现平平,甚至不尽如人意,也只是暂时没把他们的优势发挥出来而已。任何一个人都是独特的,只是多种智力因素程度不一的组合而已。在对待孩子的问题上,大家应当知道,评价孩子不仅仅是聪明与否的问题,而是哪些方面聪明以及该如何发挥其聪明的问题。

应该说,教育是一种唤醒,是一种发现,而父母是一束火把,用爱去点燃智慧和奇迹,用发现去帮助孩子。我们经常说"总有一条路适合你",每个孩子各有特点。作为父母,我们应该鼓励孩子做他自己,并善于发现孩子的天赋，激发孩子的潜能，就一定能够帮助孩子在自己所擅长的领域有一番作为。

一个人如果不能恰如其分地评价自己，易在人际交往中造成不适应。如果孩子只看到自己的不足，觉得自己处处不如别人，就会丧失信心，遇事退缩躲避，形成怯懦、沉闷、孤僻等性格；如果孩子只看到自己的长处，认为自己处处都比人强，孤芳自赏，则容易形成盲目乐观、傲慢、自以为是等性格，当然也难以处理好与他人、与集体的关系。而不良的人际关系，又会直接影响到孩子的心理健康与发展。可见，父母应帮助孩子学会恰当地进行自我评价，正确认识自我，扬长避短，发挥自己的独特优势，激发内在潜能，使他们的人生丰富多彩。

美国著名的心理卫生专家E.瓦邻，曾经研究并介绍许多伟人的成长过程。这些伟人大多有一个共同的特点：因为小时候都有缺点，所以总是被老师认为资质低劣，不可造就。例如，因发表进化论而成名的达尔文、发现地心引力的牛顿、英国浪漫诗人代表拜伦及开启近代哲学之风的黑格尔……不胜枚举。他们在小时候，都被认为是愚昧不堪的笨孩子。但是，他们并没有受到别人的影响，而是自我肯定，追求自己的人生价值。结果证明，他们不仅不愚笨，反而个个功成名就，对人类有着伟大的贡献。

对于孩子来说，这些人与事都能给他们带来极大的鼓舞。作为父母，多用积极的人与事给孩子作为参照物更能激发他们内在的潜能。

那些有自卑感的孩子，往往都会有共同的缺点，这是心理学上所称的"连带意识"。我们要明白并非只有自己有烦恼，别人同样也有类似的痛苦，所以不必自怨自艾或自卑难过。事实上，古今中外的每一个人，都有他本身的缺点并经历过很多挫折。我们应该教育孩子不要因为自己的缺点，就自叹苦命、倒霉，进而自暴自弃、逃避现实。

所有的挫折和困难，都是为了磨练孩子的心智而来，目的是让他们更成熟壮硕。所以，父母应当教育他们，当身体或性格上有缺陷时，不要退缩、害怕或自卑，应该更坚强地克服障碍，使自己活得更积极、更有意义。

另外，父母还应该教育孩子学会发现别人的优点，虚心向优秀的人求教、向他看齐。吸收他人的长处，能帮助自我成长得更快、更稳，而且也能得到很大的激励效果。

事实上，天生有缺陷的人，比毫无缺陷和没受过挫折的人更幸运。因为，

有缺陷和困难的人，通常都会被磨练得较有韧性，所以通常都会成为社会上很有成就的人。

当然，榜样的力量也是无穷的。父母要注意自己的言行举止，提高自身的文化水准，加强各方面的修养，给孩子做出好榜样。

美国总统特朗普的家庭教育颇为出色，他从不吝惜对孩子们的赞美。

"我知道我的孩子很能干，但是我不知道他们如此能干。"特朗普这样评价自己的孩子们。

在孩子们很小的时候，特朗普总是鼓励他们走进他的办公室，去感受他每天在做什么，为什么能坚持不懈而充满热情，这也就是他们兄妹后来都参与到特朗普集团工作的原因。在伊凡卡很小的时候，就曾坐在特朗普办公桌旁，特朗普一边建设真实的大楼，她一边用乐高积木盖小楼。现在，伊凡卡已经在特朗普集团跟父亲一起工作十多年了，目睹了父亲作为领导如何处理问题，如何做出那些改变事业格局和扭转人生的重大决定。女儿伊凡卡表示，在父亲身边工作让她受益良多，让她的优势潜能发挥出来。

有人说，看一个人的为人，就能看出他孩子的未来。同样地，通过孩子的成功，我们也能看出父母的为人。一个孩子优秀不难，但特朗普的子女个个优秀，这只能说明特朗普是个成功的父亲，他给孩子们做出了好榜样。其实如果按照普通人家的要求，希望孩子将来考个大学找个高薪工作、买个大房子之类的，对特朗普的孩子来说，就会完全丧失奋斗的动力。所以说，富贵人家教育孩子的挑战，其实比普通人家更大一些。

的确，名人的育儿方式恐怕不是人人都可以复制的，我们不可能都是特朗普、希拉里、米歇尔，但我们却可以成为自己孩子心中最值得他们尊敬和爱戴的爸爸妈妈。教育无他，唯爱与榜样。守着这个信条，我们做父母的一样可以凭借自己的智慧，培养出让自己骄傲的独一无二的天之骄子。

在这个世界上，人人都赞美无私的爱，可是，有时爱也是一种伤害，甚至是致命的伤害。现在孩子基本上都是家庭的中心，"捧在手里怕飞了，含在嘴里怕化了。"呵护有加，爱护过度，这就是溺爱型教育。我们把父母那种无私的溺爱而导致子女的无能称为"天鹅效应"。我们不要盲目溺爱孩子，要激发他们潜能，教会他们自立，这会让他们受用一生。

李嘉诚在教育子女方面是很成功的，他的两个儿子在商界都取得了非凡的成就，大儿子李泽钜帮助父亲打理家族传统生意，二儿子李泽楷在新闻媒体、数码港、电讯盈科等业务上接连取得令人注目的业绩，靠自己的奋斗赢得"小超人"的美誉。

爱子不纵子，培养孩子自立，激发孩子的潜能，就要给他们磨砺的机会，李嘉诚决定送他们出国上学，让他们独立生活。这个决定对于十五岁的李泽钜和十三岁的李泽楷来说，未免过于严酷，因为这意味着小哥俩要离开父母，告别衣来伸手饭来张口的生活，独自面对陌生的环境，自己安排学习和生活了。让孩子们这么早就告别无忧无虑的家庭生活，独自到千里之外的美国加利福尼亚州去求学，李嘉诚的确下了狠心，望子成龙的他有自己的想法：让孩子们早一点独立生活，胜过给他们金窝银窝。

李泽钜和李泽楷都以优异的成绩从美国斯坦福大学毕业。然而当他们想进入父亲的公司施展才华时，父亲却对儿子们说："我的公司不需要你们！"兄弟俩愣住了，说："爸爸，别开玩笑了，您有那么多公司，就不能安排我们工作？"李嘉诚斩钉截铁地说："别说我只有两个儿子，就是有二十个儿子也能安排工作。但是，我希望你们先去打自己的江山，让实践证明你们有资格到我公司来任职。"

如今，李泽钜和李泽楷皆已成为举足轻重的商界大腕，李泽钜加入父亲的公司，父子合力打造李家更辉煌的未来，而李泽楷则以九十亿港币的身家成为世人瞩目的商界明星。

作为一个商人，李嘉诚无疑是成功的；而作为一个父亲，李嘉诚依然是成功的。在李泽钜、李泽楷的成长过程中，倾注了李嘉诚大量的心血。正是李嘉诚的狠心成就了儿子自立自强、奋发向上的品格，激发了他们在商界的潜能。

相信每个孩子都具有成才的潜能。在很多父母的眼中分数就是天大的事，如果孩子表现平平就会认为他们或"愚不可及"，或"桀骜不驯"，或"朽木不可雕也"，于是对他们"风刀霜剑严相逼"，不但没有使他们得到应有的关怀，而且还损伤了他们脆弱的自尊心。久而久之，他们就会失去上进的勇气，心中蒙上自卑的阴影。有的孩子视学校为囹圄，视学习为畏途，继而"破罐子破摔"，本来可以成材的幼苗，就因为缺水、缺肥、缺阳光而中途夭折，实在可惜。可见，孩子某一方面的表现平平并不可怕，可怕的是教育者对孩子的鄙

视和遗弃，可怕的是缺少对孩子优势的关注和栽培。

作为父母，若能打破这种只看重分数的偏见，找到发挥孩子潜能的途径，相信每个孩子都有可能成才。

第二节 你家孩子的学习潜能被抑制了吗？

有一个问题困扰很多父母，那就是孩子的学习问题，孩子老是不爱学习，成绩不太理想。父母或许会把问题归因于孩子，其实，我们应自我检讨：孩子的学习潜能被我们抑制了吗？

孩子一有所谓的学习注意力不集中、粗心、磨蹭的表现，家长二话不说就马上给孩子指出来："你能不能集中注意力听讲啊？""你怎么做什么事情都是三分钟的热度啊，能不能坚持下去呀？""你又粗心了，你真是个马虎精。""你做事磨磨蹭蹭的，都快把人急死了！"等等。这些看似平常却消极的评价对孩子的行为问题起到了强化的作用，孩子会以为自己天生就是这样子，不能改变，所以他会持无所谓的心态。

对待孩子的问题缺乏耐心，父母没有合适的教育方法和手段，一不如意就斥责打骂，使孩子情绪变得异常烦躁，甚至产生逆反心理，故意和父母作对。

有些父母对孩子过于溺爱，使孩子失去了很多锻炼的机会。用进废退的道理大家都明白，孩子的感觉器官和大脑只有在不停的运动中才能获得好的发展，但父母因为过于溺爱孩子，怕孩子磕着碰着，于是全程抱着；和他人交往的时候，害怕孩子受欺负，于是全程跟着保护，等等。这样使得孩子失去了发展自我的机会，从而影响了孩子的学习能力。久而久之，孩子的学习潜能就这样被抑制了。

很多父母在生活中都可以照顾好孩子，但说到关于孩子学习的问题就头疼，不知道怎么帮助孩子。说到底，学习还是孩子自己的事情。父母可以催促他们做作业看书，可以坐在旁边督促学习，但真正坐在教室听讲、在考场考试的还是孩子自己。所以最重要的是我们要激发孩子学习的潜能，帮助孩子提高学习积极性，才能从本质上帮助到孩子。

萧百佑，因其"三天一顿打，孩子进北大"的口号而被称为"中国狼爸"。2009年，萧百佑的儿子萧尧、女儿萧君同时考上北大，这在北大历史上也是头一次。老三萧箫2011年也被北大录取，创造了"一门三北大"的奇迹。

"打"是家庭教育中最精彩的部分，"打"也要打得科学，打出艺术。萧百佑表示，他并非是公众眼中的"野蛮父亲"，用暴力强迫孩子服从自己的意志，而是明家规、定尺度，用"打"来约束孩子，激发孩子的学习潜能。

"中国狼爸"用"打得科学、打出艺术"的方式来教育孩子，不一定能让所有人都认同。不过他有一点值得我们注意，就是他激发孩子的学习潜能，让他们坚定自己的学习意志，创造了"一门三北大"的奇迹。

有些孩子因为成绩不太理想而失去信心，在学习上不够勇敢，不敢创新，没有主见和缺乏面对挑战的能力，他们的学习潜能被抑制了。这时可以通过心理学上的"鲶鱼效应"来培养孩子的竞争意识，增强孩子的学习爆发力。

"鲶鱼效应"是指透过引入强者，激发弱者变强的一种效应。基于这样一个广为流传的故事：挪威人喜欢吃沙丁鱼，尤其是活鱼。市场上活沙丁鱼的价格要比死鱼高许多。所以渔民总是千方百计地让沙丁鱼活着回到渔港。可是虽然经过种种努力，绝大部分沙丁鱼还是在中途因窒息而死亡。却有一条渔船总能让大部分沙丁鱼活着回到渔港，但该船船长严格保守着秘密。直到船长去世，谜底才揭开，原来是船长在装满沙丁鱼的鱼槽里放进了一条以鱼为主要食物的鲶鱼。鲶鱼进入鱼槽后，由于环境陌生，便四处游动。沙丁鱼见了鲶鱼十分紧张，左冲右突，四处躲避，加速游动。这样一来，一条条沙丁鱼欢蹦乱跳地回到了渔港。这就是心理学上的"鲶鱼效应"。我们可以运用"鲶鱼效应"来激励孩子勇于面对学习和挑战，激发孩子的活力和潜能。

为孩子提供必要的正面强化。我们要给孩子积极的期待，不断强化孩子的良好行为，孩子才会不断地向好的方面发展。如果孩子偶尔出现注意力不集中的情况，父母要学会忽视它，而在孩子认真做事的时候，要去鼓励孩子，强化孩子专心、细心的良好行为，相信孩子会在我们的信任下越来越专心，越来越认真。当然，并不是只鼓励孩子一下就完事了，我们紧接着要提出合理的期待："独立完成作业是件很愉快的事，相信宝贝你一定会出色地完成它！""你今天集中注意力听讲有5分钟，妈妈相信你明天会超过

8分钟。""昨天10题你做对了5题,爸爸相信你今天10题能做对7题,加油!"这样,孩子在正面的鼓励和强化下会不断地进步,不断向好的方向发展。

多关注孩子,培养孩子丰富的情感和世界观。这需要通过情感的阳光以及提供丰富多彩的环境,将孩子潜能的屏蔽捅开,比如贴近自然,在户外进行一场愉快的亲子活动等。人的潜能在心情愉快、精神放松的状态下,能够得到有效的释放,教学应是"乐教"与"乐学"的和谐共振。在良好的心境之下,孩子的学习效率会得到提高。所以,要培养孩子的丰富情感世界,让孩子拥有良好的心情,有了好心情,就会自觉地输入积极因素,从而调动潜意识进行学习。

多和孩子沟通,注重亲子关系的培养。在亲子沟通上,很多父母都很苦恼,怎样才能让孩子接受自己的意见和方法。亲子关系的核心点是亲子沟通,这应该是家庭教育的主线,如果没有良好的亲子关系作为基础,再好的方法也难以落到实处。尊重孩子,了解孩子才能理解和接纳他们,才能在孩子出现小问题时对他们有包容心。

给孩子的学习增加新鲜感。不断重复的学习,是影响孩子学习潜能提升的一个重要原因。父母要在孩子的学习之外适当地增加一些新鲜的学习内容,让孩子对学习充满新鲜感,只有这样,才能让孩子保持持续学习的兴趣。父母要抓住孩子喜欢尝新的心理,给孩子增加有新鲜感的学习内容,适时扩大孩子的视野,有效地激起孩子的学习潜能。

父母要随时与老师沟通,科学指导孩子学习。父母和老师要有意识地与孩子交流学习方法,查找以前的学习方法有哪些不足,帮助孩子提高成绩,增强孩子的自信心。我们在辅导孩子时,不要代替孩子学习,让孩子养成独立思考的习惯。

正确引导孩子,不要期望过高。我们对孩子的要求要尽量合理,不要太高,可以适当地低一些,让他们能够很好地完成。这样就可以让他们建立自信,让他们更加愿意去完成目标,培养更高的成就感。许多成绩优秀的学生是由严格的父母教育出来的。俗话说得好:"严师出高徒。"不过这样的"高徒"在自主性、生活能力方面一般不像没有限制的孩子那样强,他们往往把学习看得很重,结果学习成绩可能没有后劲,逐渐下滑。城里孩子家庭条件好、有钱，对学习期望高，但要小心，不能让学习变成一种负担，因为越是这样，孩子的书包就会变得越来越重。只有把学习当作娱乐，孩子才会体会到学习的乐趣，才不会感到学习很枯燥。其实孩子的学习潜能是无限的，父母要积极开发引导。

在孩子遭受挫折的时候我们不能责备他们，要管理好自己的情绪，要鼓励和安慰孩子，帮助他们分析失败的原因。失败乃成功之母，我们不要害怕孩子失败，而是要在孩子失败中正确引导孩子，让他们知道失败是人生必要的经历，并不是特别大的事，这样他们才能有勇气做更多尝试。

> 有一个孩子平时成绩都在班上靠前，一直是老师器重的学生，更是父母的骄傲。在一次重要考试中因发挥失常，在名次排行榜上排名靠后。此后，他久久不能从失败的阴影中走出来，整日无精打采，对学习与未来丝毫不感兴趣。有一天，孩子的爸爸拿出了一张白纸与一支笔，让他想想自己的不足与缺点，每想到一处就在纸上画一个黑点。孩子拿起笔，一直在白纸上画了好久，当他画完之后，爸爸拿起那张白纸，问他看见了什么。
>
> 孩子答道："黑点啊，全都是讨厌的不足和缺点！"爸爸笑了笑，说："除了黑点以外，你没看见那么多空白处吗？"
>
> 孩子若有所思地点点头。爸爸继续问："当你在这张纸上写字时，你是在空白处写还是在黑点上写？"
>
> 孩子有些不解地答道："当然是在空白处写了。"爸爸意味深长地对孩子说："当你在纸上写满字时，可能黑点刚好就被盖住了，就算没盖住，人们看到的也只是上面写的内容，而非黑点。"
>
> 这时，孩子才恍然大悟，此后，他开始发奋学习，不再意志消沉了。

不要给孩子传播负能量。对于一些学习成绩稍微落后的孩子，父母的教育和引导就显得更为重要了。有些父母看到孩子的分数不太如意，他们不会责骂孩子，但是会常常在孩子面前叹息，满脸忧愁，并且跟孩子说些"你现在这样的成绩，妈妈真的很担心你能不能考上初中，将来能不能考上大学，你能不能加把劲？"其实这些父母大多数都是不想给孩子太大压力，希望孩子能明白当父母的苦衷，自觉努力学习。但是这些带有负能量的话说多了，就会给孩子造成很大的心理压力，有时甚至比直接责骂的伤害还要大。特别要注意的是，不

要当着孩子的面，在别人面前感叹孩子成绩让人忧心，这样会让孩子的学习失去动力。

发现孩子的闪光点。每个孩子都有自己的长处，孩子在这方面比别人差，可能在另一方面强过别人。父母要善于发现孩子身上的每一个闪光点。对于每一个孩子来说，缺少的往往不是成功，而是发现。事实证明，引向成功的有效教育，都是先清楚孩子"在哪方面聪明"。当孩子的学习成绩不理想时，必须冷静分析原因，观察孩子的兴趣和爱好，从中找到适合其发展的优势与方向。与此同时，还要创造一定的学习条件，点燃孩子的智慧火花。一旦孩子学有所长，自信心就会大大增加，就会产生强大的学习动力，还会带动其他方面学习的积极性。

虽说学习是独立完成的事，但是学习潜力的形成却不能独自实现，必须得到别人的帮助，最合适的人选就是父母，而且源泉就是父母对孩子的爱。父母爱自己的孩子，甚至超过爱自己的生命，如此强大的爱是任何人都无法代替的。这份爱蕴含着强大的力量。哪怕不听自己的话，哪怕孩子让自己伤心，哪怕孩子欺骗自己甚至怨恨自己，这份爱也会毫无保留地献出。千万不要忘记，唯有父母的爱才是孩子潜力形成的源泉。

很多父母谈起别人子女教育的成功事例时，都会连连感叹，然而他们还是事先就放弃了，表示自己做不到。既不肯播种，又不愿精心培育，那怎么可能收获丰硕的果实呢？父母必须播下种子，浇水施肥，精心呵护，这样才能结出甘甜的果实。亡羊补牢，犹未为晚。孩子喜欢读什么书、还有什么不足、孩子的梦想是什么，我们都应该陪着孩子一起寻找，然后把此时此刻当成是最后的机会，努力把爱付诸实践。如果别人家的孩子好学，那我们就不要临渊羡鱼，不妨多想想自己应该做点什么，才能让自己的孩子也爱上学习，激发他们的学习潜能。

第三节 善于发现孩子的天赋

外人难以相信一堆貌不惊人的石头有何特别之处，但眼光独到的珠宝商人一眼就能看出其中价值百万美元的珠宝。我们需要像珠宝商人认识他们的宝石一样了解我们的孩子。

——（美）辛西亚·汤白斯

家庭教育最大的误区就是强迫孩子按照父母预先设定的方向走，结果是虽费尽心思，却是"有心栽花花不开"。因为父母为孩子选择的领域往往不是孩子的天赋和潜能里最优秀的。许多父母在孩子的启蒙教育中，就已经开始扼杀儿童特有的天赋与潜能。每一个孩子都有他的天赋，不同孩子的天赋表现在不同的方面。让一个天赋在绘画上突出的孩子去考英语专业，让一个对医学毫无兴趣的孩子报考医学专业，这样都会导致孩子激烈的反抗。

随着孩子学业负担的加重，舞蹈、钢琴、画画、书法等，父母一般会让孩子放弃。因为父母不知道孩子的兴趣在哪，找不到坚持的理由。于是父母相互参照，甚至攀比，人家孩子上了，我们的孩子也上，人家孩子不学了，我们的孩子也不要浪费时间，也不学了。很多具有独特天赋的孩子被跟风"放弃"后，失去了继续学习的机会，面对应试教育的科目，他们提不起学习的兴趣，也不适合学校的学习模式，硬着头皮学习，成绩也不见有起色，没有自信，就成了父母和老师眼中的差生。

每个孩子都有自己的长处，我们称之为天赋。一旦找到属于他自己的天赋后，顺应天赋的趋势去努力，这样孩子更容易取得辉煌的成就。但是大多数孩子的天赋并没有那么明显，他们可能今天喜欢音乐、舞蹈，明天又开始对踢球和跆拳道感兴趣。因此发现孩子的独特性和挖掘孩子的潜能，要求父母具有"伯乐"的眼光，我们应该细心观察、耐心引导，并且带领孩子多尝试不同方面的可能性，也许这个寻找天赋的经历，就会成为孩子最宝贵的财富。

或许我们存在困惑，不知道孩子有什么潜在能力，该往什么方向培养。这

就需要我们了解孩子。了解孩子是为了更好地教育他们，真正做到尊重他们的本性，发挥他们的潜能。按照孩子性格、遗传、大脑潜能和思维方式培养，才是真正的因材施教。父母不是科学家，为了在培养孩子的路上少走弯路，我们需要做孩子的研究员。为了避免浪费金钱，也避免亲手扼杀孩子的天赋，我们需要自己观察研究，及时发现孩子的潜能，为孩子选择培养的方向。

细心观察，了解孩子。只有通过长期的细心观察才能了解孩子。在日常生活中，我们要多注意孩子的言行举止、兴趣爱好，在他们独处时或者和同伴的玩耍中，可以发现孩子的许多特点。比如，孩子能一个人静静地玩玩具，很有耐性和创意；或者，孩子虽然不善于表达却对同伴很有爱心；等等。父母把这些蛛丝马迹记录下来，就能归纳出孩子的性格趋向或者擅长的方面。另外，还要积极和孩子交流，听听他们的想法。针对一项活动，问问孩子：还想不想再去参加？喜欢不喜欢？最喜欢什么？为什么喜欢？讨厌什么？为什么讨厌？绝对不要低估一个小孩的感受。孩子对世界的认知是感性而具有诗意的，喜不喜欢都是天大的事情。孩子的天赋往往是在他最感兴趣、最专注、最擅长的领域，父母应该鼓励孩子的兴趣和爱好，让他们从兴趣出发去学某样东西，并从中享受学习的乐趣。

细心敏感的家长常常能注意到孩子的不同寻常之处。孩子的挑剔源于敏感的体质和敏锐的感觉，然而敏锐不是父母教出来的，而是与生俱来的。当事情是他们喜欢的、满意的时候，他们会有很大的创造力和想象力，并具有开拓精神。他们喜欢的就是他们的潜能所在，在最初的学习中就会表现出来，也是值得父母参考的。

有一位父亲，在儿子七八个月大的时候，有一次发现儿子看电视《飞越时空》海洋世界的节目时目不转睛，表现出极大的兴趣，而其他一些节目却很难如此吸引孩子。虽然这只是一个细节，父亲却没有忽略，他陆续为儿子买了一些有关海洋动物的图册和VCD，有机会便带他参观海底世界，甚至带他到海边看真实的海洋动物和它们生存的世界。孩子对海洋动物表现出极大的热情，对这些知识吸收很快，讲起来也头头是道。而学英语、钢琴、写字、画画等，却心不在焉，学不进去。这位父亲认识到，只有顺应孩子感兴趣的方向进行培养才能达到事半功倍的效果，事实证明他没有错。

为孩子创造体验尝试的机会。想要发现孩子的天赋，除了日常观察之外，带着孩子多体验尝试也是非常重要的。父母要想发现孩子的天赋，就应该给孩子多提供机会，让他们获得各式各样的活动体验，积极地表现自己的才能，这样才能发现孩子到底擅长做什么事情。父母可以与孩子玩各种各样的游戏，如果孩子对某一项活动聚精会神，玩的时间长且乐此不疲，那我们就应该有意给他提供更多的体验机会。

耐心辨别，悉心引导。孩子的兴趣爱好呈不稳定性，有些父母分辨不清潜能和爱好的概念。在这两个概念中，爱好的范围很广，所含感性因素偏多，而潜能则是指潜在的能量或能力。比如孩子喜欢看动画片，这只能说明他爱好看电视，而不是潜能。孩子喜欢追着玩只能说明他爱好打打闹闹，这也算不上什么潜能。那这些爱好就没有用吗？那也未必，我们可以通过悉心引导将其转化为孩子的潜能。比如孩子喜欢看动画片，一般父母都会很无奈，觉得孩子这个爱好非常不好。我们可以陪孩子一起去看动画片，看完后，就片中的情节提问，这样激发了孩子的记忆潜能，然后引导孩子一起猜测下一集的内容，这样还激发了孩子的想象潜能，就把所谓的不良爱好成功地转化为正面潜能。也许我们还不知道自己的孩子有多少潜能，但是可以肯定的是：孩子的潜能是无限的。只要我们耐心辨别，发现他们的天赋，并悉心引导，那他们的潜能一定能大放异彩。

经常与孩子沟通交流。我们经常与孩子进行互动，能够快速地发现孩子的天赋潜能，帮助孩子培养能力。孩子对于世界充满了好奇心，可能会经常找父母帮忙解答疑问或提出要求。这时候我们应该把握与孩子互动交流的机会，给孩子耐心地解答疑问，适当地满足孩子的要求。做一个孩子能信赖的父母，有利于进一步了解孩子的性格、行为举止，便于更好地发现、激发孩子的潜能。

每个孩子都是天才，都有巨大的潜能等待挖掘。但孩子成长是一个相当漫长的过程，需要不断给予鼓舞和肯定，当孩子自己动手做、开口表达时，父母应该给予肯定、赞美和鼓励。人都需要通过别人的肯定来增强信心，然后继续努力直至走得越来越顺。其实，每一个孩子都具有无限的潜能，我们应该相信孩子的潜能，给予孩子适时的肯定和鼓励，给孩子提供一个空间，让孩子

尽情地发挥，在孩子的背后默默地支持他们，从而赋予孩子完全发挥自己潜能的力量。

让孩子有自己的成长空间。不论孩子表现有多糟糕，不论他们一天的时间都在忙些什么，他们的成长来自自己摸索的空间，也就是他自主学习的机会，这些都不应该被人任意地剥夺。孩子是独立的个体，在孩子自由成长的空间中，他们更自如地展现自己的天赋才能，我们更容易走进孩子的内心世界，发现他们的天赋，进而培养。如果我们要真正关心孩子的学习与成长，那就必须花时间与孩子在一起，了解他们真正的想法，明白他们行为背后所表达的意思，陪孩子一起摸索、学习和成长。

> 周杰伦太太、知名模特昆凌的教子观认为孩子"要她听妈妈的话，更要由她自己的天赋做主。"产后的昆凌迅速恢复身材并复出，成了新晋辣妈的完美代表。然而她对孩子的期望如此的随意，让不少人心生疑问："是否明星的家庭教育都是如此随意呢？"其实，此"随意"非彼"随意"。每个孩子都具备成才的潜质，每个孩子都有自己独特的优势，激发孩子的潜力，这便是爸爸妈妈的教育目的。昆凌支持孩子自己做主，引导发掘孩子的天赋，这是让孩子的个性自由发展的做法。

每个孩子都有与生俱来的潜能。父母要提高自己的观察力并多给些耐心，要让孩子接触各式各样的知识，鼓励孩子参与广泛的活动，积极地表现自己的才能；要认真地读懂孩子，发现孩子的潜能，给他创造良好的环境和条件，鼓励他将自己的才能优势发挥到极致；帮助孩子做自己擅长并喜欢的事情，让孩子有精彩的人生。

第四节　耐心激发孩子的潜能

孩子的潜能培养遵循着一种奇特的规律——"天赋递减规律"。即孩子的天赋随着年龄的增大而递减，教育得越晚，孩子与生俱来的潜能就发挥得越少。

一个孩子，假设他的潜能得到充分发挥，最终可以具有100分的能力，如果从5岁开始教育，即使是非常理想的教育，将来也只能具有80分的能力；如果从10岁开始教育，就只能有60分的能力，这就是天赋递减法则的具体表现。因此，父母对孩子的智力开发和潜能激发应该是越早越好。

每个孩子的潜能都是无限的，关键看我们有没有付出足够的耐心和通过合适的方式去激发孩子的潜能。作为父母，要用赏识的眼光仔细观察自己的孩子，即使孩子非常平凡，也能发现他们四射的魅力和潜能的闪光点。父母要深入挖掘孩子的闪光点，给孩子充分的理由，让他们真正认识到自己的长处，寻回自己的自信。当然，激发孩子的潜能不能只表现在口头上鼓励孩子拥有广泛的兴趣，而是要给孩子创造展示自己的机会，还应在他们遇到困难时，激励他们，让他们勇敢面对，在他们取得成绩时，给他们赞美和掌声，让他们体验成功的喜悦。

给孩子无条件的爱。作为父母，要无条件地爱孩子，接受他们的优缺点，在日常生活中尊重孩子的独立人格，倾听孩子的心声，同时用"行动"来表达对孩子的爱，爱更能激发孩子的潜能。例如，孩子把家里所有的小机器都拆开来玩，一般人见此状况都会大骂一通，责怪孩子乱拆东西。而无条件爱孩子的父母就会发现孩子这个不寻常的动静背后隐藏了巨大的潜能，会耐心地跟孩子沟通，引导孩子如何"研究"机器，甚至陪孩子一起玩拆机器，这样一步一步地激发孩子的潜能。

鼓励孩子发展广泛的兴趣。孩子们天性好奇，富于幻想，对于他们觉得好奇的事总是充满着美好的憧憬，有时候甚至想入非非。父母要认识和理解孩子的特点，并鼓励他们发展广泛的兴趣。有人担心孩子的兴趣、爱好太多会分散精力，影响正常学习，因而抱着冷淡甚至压制的态度，不让孩子提出疑问，整天把孩子压在书堆里，这是错误的。凡是各方面表现突出，特别是学习成绩优秀的孩子，都很有特点，有着广泛的兴趣。他们对班级和学校组织的各种活动总是积极参与，这样不仅得到了锻炼，而且开拓了思路，从而为学习各门功课创造了条件，奠定了基础。兴趣是产生愿望的土壤，而愿望是潜在的精神力量。扼杀孩子的兴趣，无疑是毁灭孩子的潜能，所以我们要培养孩子广泛的兴趣。

孩子的潜能具有不稳定性，他们的好奇心很强，对什么都三分钟热度，随时都有可能转移兴趣。而孩子的兴趣水平比较低，以外在的、短暂的有趣为主，所以在最初的教育过程中，父母要先稳定孩子的兴趣，想办法维护孩子的兴趣，以孩子感兴趣的方式来调动他的潜能。例如，不少父母发现孩子喜欢唱歌、爱音乐后，就会积极带孩子去专业的幼儿艺术培训中心从发音开始学起，教孩子字正腔圆地唱歌，可是这种做法往往导致孩子对学习音乐产生厌恶情绪。其实，专业的培训机构老师从来不会刻意去教孩子任何音乐技能，而是热衷于和孩子一起做音乐的游戏，让孩子从中能体会到音乐的节奏和韵律，加深对音乐的喜爱。

引导孩子体验成功的喜悦。人们常说"失败是成功之母"，对于孩子来说，除了应该知道"失败是成功之母"的道理外，还应该懂得"成功也是成功之母"的道理。因为孩子的生活阅历简单，知识、实践、心理、能力还处于成长阶段，让他们获得成功，体验成功，对增强自信具有特殊的意义。体验对孩子的身心发展来说非常重要，只要有体验成功的喜悦，孩子才能有更大的进步。大脑发育最重要的时期是幼儿时期，父母可以利用这一时期孩子的发展优势，让孩子参加实践活动，丰富孩子的体验，既能锻炼孩子的动手能力，又能培养孩子的兴趣。当孩子完成了任务，父母要真心实意地给予欣赏和赞扬，激发孩子进一步求新、向上的愿望与勇气。孩子在体验成功的喜悦中产生成就感，建立自信心，还能激发潜能。孩子体验成功的次数越多，自信心越强，潜能的积极性也就越大。

给孩子的压力要恰如其分。在教育孩子的过程中，我们如果对孩子的实际能力和承受能力有一个恰当的估计，找到一个最佳点并以此为标准，适当地给予压力和缓解压力，能达到最佳的激励效果。英国心理学家罗伯特·耶基斯和多德林提出"倒U形假说"，认为当一个人处于轻度兴奋时，能把工作做得最好。当一个人一点儿兴奋都没有时，也就没有做好工作的动力了；相应地，当一个人处于极度兴奋时，随之而来的压力可能会使他完不成本该完成的工作。压力太小，没有动力；压力太大，又成为阻力。只有压力适中，才能成为激励人的动力，这个状态的人工作效率会很高。

易建联从小就有篮球梦，父亲易景流并不清楚儿子的梦想是什么，但他相信儿子，决定让他去追自己的梦。

一次，父亲易景流到体校看儿子训练，发现易建联的球鞋裂开了。后来父亲了解到，像易建联这种试训球员四个多月才发一双训练鞋，长期穿烂鞋训练，脚和膝盖都会吃不消。易景流马上去买鞋，他为保证儿子训练时不再穿容易伤脚的烂鞋，竟在香港一口气买了六双。

易建联见爸爸提来这么多鞋，感动得不知说什么好。易景流适时鞭策儿子："我就是要'逼'你跑起来，找不到懈怠和停下来的借口！"易建联没有辜负父亲的厚望，他的球技和身高齐头并进，2000年进体校不到一年的易建联被广东宏远俱乐部选中。父亲送给他一块用檀香木刻的小匾，上面写着：逼你成功！

为了"逼"出儿子在球场上的霸气，易景流煞费苦心，以夫妻工作解聘书为契机激励易建联要好好打球养活父母。激将法果然奏效，易建联加倍努力训练，激发出对篮球的冲劲，在球场上像只小老虎一样勇猛灵活地争抢篮板球。在父亲的鼓励和"强逼"下，志存高远的易建联渐入佳境，他开始大力灌篮，在比赛中用这种最具男子气概的篮球技术提升场上的斗志，最终融入NBA。

一个人对事物适当的激情可以使其发挥出更大的潜能，父亲易景流适时给易建联压力，让他处于轻度热情状态，并鞭策易建联激发篮球潜能，最终获得成功。

赞赏孩子的好点子，并不一定是孩子的意见有多好。父母的赏识表现了对孩子意愿的尊重，这样会鼓励孩子独立思考，树立主人翁意识，让孩子变得有主见。

晓峰周末和爸爸去公园玩，他想玩划船。爸爸觉得两个人力量太单薄，肯定划不动，就不同意。晓峰却非要划船，还哭闹了起来。爸爸问道：那你说怎么办？我们两个人是划不出去的。晓峰一听连忙说：我们可以和别人组合，再多点人加入，不就可以了吗？

爸爸一听，拍拍儿子的脑袋说：你这主意不错！便和晓峰一起来到划船的地方。不一会儿，就找到一对母女组合，四个人一起高兴地坐上了小船。

对于孩子的好点子，父母要多给予鼓励，让孩子喜欢献言献策，要给孩子充分的自由，孩子在成长过程中，需要自由的空气。

孩子的一言一行，都是对未知世界的积极探索。孩子的每一言意味着他在独立思考，每一行意味着他在积极探索，孩子的一言一行，都表达着他的意愿和想法。我们要尊重他们的意愿和言行，过度地管束压制，会让孩子失去对生活的激情，放弃对未知世界的探索，失去探索的兴趣和勇气，不利于激发孩子的潜能。

孩子的体内有一股神奇的力量，推动他对身边的每一件新生事物都产生好奇心，孩子正是在这些好奇心的推动下不断探索、学习、成长。孩子的每一次做决定，都会有新的成长，学习到新的知识、感悟。父母要对孩子的这些言行给予鼓励和尊重，从而激发孩子的潜能。

适当鼓励孩子，帮助孩子建立自信，这是可以的，但是不能过度。一个听惯鼓励、褒奖这类话的孩子，是忍受不了任何批评和委屈的。这样的孩子将来如何在社会上立足？要知道，社会残酷，生活不易，每个人都会遇到挫折。所以，在教育孩子时，要"鼓励"和"批评"并用，不能只鼓励，不批评。

给孩子自由的发展空间。无论孩子要做什么，父母要适宜地给孩子最大的空间让其自由发展，这对于潜能的激发有很大的好处。比如，孩子一会儿要画画，一会儿要听音乐，一会儿要玩积木，玩意总是维持时间不长，这时父母应该给予鼓励，让孩子在最大的空间里探索自己所喜欢的东西。因为很难说孩子的最佳才能在哪一方面，如果不给他们提供广泛的了解机会，他们各方面的才能就无法表现出来。现在有些父母一天到晚把孩子关在家里做作业，也就是把开发孩子各种潜能的大门给关上了，只留下了一条路——从书本和做题中获得能力的路，而这条路未必是孩子的成才之路。

如果父母观察到孩子喜欢不停地说话，总是喜欢抬杠，并且试图要用他的论点来将父母驳倒。那孩子可能有着超前的词汇量，能够编出复杂的故事，并且很少犯语法和读法错误，可能语速也很快。这意味着孩子的天赋在语言表达方面。认识到这一点后，父母应该鼓励那健谈的孩子大声讲故事给大家听，以此激发孩子的潜能，然后父母可以将故事写下来供以后再次阅读。父母可以模拟采访孩子，让他将自己的想法表达出来，也可以经常带他去图书馆，让他多阅读鞭策孩子的书籍。多创造机会去聆听他的争论，给他表达的机会，让他的语言天赋得到最大的发展，激发语言方面的潜能。

让孩子主动质问，独立思考。孩子生活在一个气象万千的世界里，对他们来说，新鲜的事物层出不穷，疑惑接踵而来。由于他们有强烈的求知欲，他们对观察到的各种事物常常会提出许多问题。所提问题可能大多都不会是有价值的，有的甚至是可笑的。然而，这正是他们探求未知领域的开始。从有疑到解疑再到创新，正是创造力不断升华的客观规律。因此，父母要注意做到：①鼓励孩子大胆质疑，勇于发问。对孩子天真幼稚的发问，父母要耐心而认真地回答，万万不可挫伤孩子的好奇心，一时回答不清楚，也要鼓励孩子一起探究和研究。②引导他们有目的地设疑。疑，可以是无意的和有意的，无意的即为见什么问什么，这是很普遍的；有意的即为解决某一方面的问题去设疑，解疑。父母应引导孩子从无意的疑问向有意的疑问发展，这才会使疑问与创造结下良缘。③鼓励孩子质疑问难的同时，要引导孩子在独立思考、独立解决问题上下功夫。比如，让孩子做一道生僻的几何题，能用自己学到的知识，经过自己的综合分析，排除疑点，抓住问题的本质，正确解决问题。

让孩子做自己，敢于标新立异。在各种潜能活动中，孩子所面临的是没有现成的答案，也没有旧例可循的一些新问题，要解决这些问题只有两条途径：一是依靠尝试错误的方法，不断淘汰无效尝试，最后找到解题方案；二是依靠判断力，独立思考，提出一个可能性较大的假设，然后加以验证。为了发展孩子的潜能，应该利用孩子的直觉思维，鼓励他们进行包含合理因素的猜想，大胆标新立异。

训练孩子的发散思维能力。培养孩子的发散思维能力，应从培养其流畅性、变通性和独特性着手。我们要给孩子提供发散思维的机会，安排一些能刺激孩子展开发散思维的环境，逐渐养成孩子多方向、多角度认识事物、解决问题的习惯。例如，对于下雨天，我们都会撑伞或者穿雨衣来挡雨，如果没有这些工具，我们就会原地等雨停或者等其他人送雨具过来，而有的小孩就不是这样，他们就用一个纸皮箱或塑料袋制作挡雨的工具，高高兴兴地回家了。这些孩子靠自己的思维判断去做自己认为能解决问题的事情，这样能更好地激发大脑潜能。

创设适宜的问题情境。创设一定的问题情境，是激发孩子潜能的重要条件。孩子的思维活动不是凭空产生，必须借助于某种环境因素的刺激。在学习过程中，父母创设一定的问题情境，是引起孩子创造性思维活动的重要外部条件。所谓问题情境，就是指具有一定困难，需要孩子经过努力才能克服的学习情境。父母可以运用设问、提问、作业等方式创设一定的问题情境，来调动孩子思维活动的积极性和主动性，以促进其潜能的养成。例如，当孩子们看到和触摸到一些东西的时候，我们可以向他们提问：这是什么东西？用语言怎么表达？这时孩子就会在体验中思考问题。让孩子接触物体，在玩乐中认识新事物，可以达到事半功倍的效果。

0~6岁幼儿时期是孩子潜能的最佳开发时期，父母在对孩子早期教育的过程中，应该积极帮助孩子激发潜能，使其赢在起跑线上。

知心话

每个孩子的潜能都是无限的,让我们用细心去发现,用耐心去引导,用爱心去呵护,让这份潜能由一棵幼苗成长为参天大树。

第八章
善待孩子的错误

错误是一把开启智慧的金钥匙,父母要善待孩子的错误,充分利用孩子犯错误的机会,让孩子在犯错误中成长。每个孩子的思维模式是不一样的,反应灵敏度也是有所差异的,孩子犯错就是给父母一次了解孩子的机会,父母可以通过一次小小的错误启迪孩子思维,抓住教育契机,让孩子学到更多的知识。在孩子犯错以后,父母不要对孩子冷言相对,甚至表露出一脸的嫌弃。在生活中,孩子的"错误"资源本身就是一种尝试和思维创新过程,父母只有具备预测错误的能力,才会看到"错误"资源背后隐含着的底层逻辑和隐藏着的价值,才会因地制宜地处理好孩子的错误,激活孩子的创新思维。有耐心的父母,善待孩子的错误,帮助孩子改正错误,传授给孩子的不仅仅是生活知识,更是一种做人的道理和乐观的生活态度。

第一节 人是在错误中成长的

人是在错误中成长的，不给孩子任何犯错的机会等于扼杀了他成长的一种可能。

回想一下我们小时候犯过错吗？什么是错误？在父母眼里，孩子不听话是错，不爱吃饭是错，赖床是错，不按时完成作业是错，学习成绩不好是错。

世界上没有谁是完美的，没有完美的父母，也没有完美的孩子。孩子毕竟是孩子，成长过程中必定会犯错，我们都是在不断犯错改正中成长起来的。作为过来人，我们珍惜孩子的每一次错误，事事都有相对性，某些错误中蕴含着孩子成长的机会，当孩子从错误中学会了道理时，我们就能真正看到孩子的成长。

从错误中去学习会让孩子记忆深刻，只有孩子愿意面对自己的错误，才能从错误中学习成长。

教育家马卡连柯说过一段经典的话："一切都给孩子，牺牲一切，甚至牺牲自己的幸福，这是父母给孩子的最可怕的礼物。"很多父母总是害怕孩子犯错，孩子做任何事父母都要插手，害怕孩子出错了会受到伤害，却不知道如果不给孩子犯错的机会，孩子受到的伤害将会更大。男孩子一般都比较淘气，经常与其他孩子闹矛盾，如果发现孩子回来不高兴，父母不要马上质问他又和谁打架了，而应该坐下来和孩子交流，了解事情的经过。如果事情不严重，我们要耐心地给他讲述如何与小朋友相处。如果事情很严重，我们可以用语言引导他，错在哪里，让他自己找到自己的错误。"失败乃成功之母"，没有经历过错误和失败，孩子将永远无法进步。

"你的分数为什么这么低！你为什么总是考不好！"这些话语可能是很多父母喜欢说的，但是这些话语对于孩子提高成绩并没有一点帮助，甚至会强有力地打击孩子。在孩子学习的过程中，犯错，应该是家常便饭。一个孩子在学习的过程中从不犯错，每次考试都满分，这个可能性几乎为零。如果父母总是用伤害孩子的语言去评价孩子，久而久之，孩子再有什么事情发生，也不愿让父母知道了，父母和孩子之间的隔阂也就会越来越大，等到父母与孩子之间出现了裂痕，再想法去弥补，虽然不是没有可能，但是会困难得多。

在现今的教育制度下，父母对考试成绩都看得很重。考试是公平的，也是一般家庭孩子能够出人头地的方式之一，同时，考试也是考量孩子在一段时间内知识掌握得是否牢固的方式之一。在小学，孩子们的单元测验，也是在为学期末考试做准备，单元测验还有一个作用，是给孩子多见题的好机会，是让孩子们查漏补缺的好机会。在学习中不断犯错、不断总结、不断提升，这样的过程能为知识积累打下最坚实的基础。如果我们告诉孩子，单元测验不用纠结于分数，出错不要紧时，孩子会感觉松了一口气。我们需要从这样的测验中去检验自己对知识掌握的程度，引导孩子不要害怕犯错，不惧怕分数，不纠结于分数，应该更看重错题的原因，以及下一次如何避免出现同样的错误。

大人常对小孩说：我吃过的盐比你吃过的饭还多，我走过的桥比你走过的路还多。其实我们都是过来人，要用自己的实践和经验，引导孩子如何面对错误，积极从错误中吸取教训，在错误中学会成长。

孩子是从犯错过程中体验错误，在错误中学习，一点点成长起来的。在现代家庭教育中，很多父母自以为是地剥夺孩子体验错误并在错误中获得经验的机会，总想尽最大努力保护孩子，让孩子少犯错误，少走弯路。殊不知，孩子如果受到全面保护，就会失去一些演习行为情绪的时机。这样过度的保护让孩子变"懒"了，逐渐开始不自立不自信，并缺乏创造力。孩子小时候犯一些错误，通过错误来确知与外界或他人的关系，是一种成长途径。

孩子的许多负面情绪，如愤怒、对抗、残忍、嫉妒、仇恨都要有适当的表达，他们往往会通过犯小错误来发泄，从中获取管理这些情绪的经验，学会节制。我们要允许孩子犯那个年龄段易犯的错误，如果孩子在与动物玩时伤害了小动物，父母不加理解直接斥责一番，等孩子长大了，他就会跑到动物园去跟动物过不去，这是小时候负面情绪的延迟反应。孩子小的时候，该犯的错误没有机会犯，到了不该犯错的时候，却用幼稚的行为去补回体验，这样的后果会很严重。

孩子在犯错误中能学会更多。很多父母都认为孩子犯错就是一件非常不好的事情，其实犯错是人生必经的阶段，孩子在错误中学会成长。孩子欺负别

人,也会被人欺负,从中可以学会自我保护;砸烂东西、伤害小动物,从中学会怜悯、爱惜和承担责任;对人撒谎,从中知道诚实的重要,学会如何保持缄默或运用一些不确定的语句来应对困境;与父母或老师的对抗,从中学习协调与权威的关系,学习服从与心理平衡技术;逃学,不做家庭作业,上课不好好听讲,体会到自由是有代价的,短暂的放纵必定有长久的损失。以上都是一些比较常见的小错误,在生活中有部分孩子会犯比较严重的错误,如斗气打架、偷拿别人的东西、恶性撒谎、侵害别人利益、无故离家出走等,这些错误看起来很糟糕,但孩子还是可以从中获益,学会预见行为的后果,承受不愉快的处罚和社会压力。孩子心灵像一个空白的录像带,需要对所有情绪如快乐、痛苦、悲伤、骄傲、自满、受挫、爱恨作预演体验,留下适当的印痕,以后在面对复杂环境时,这些心理印痕就会发挥作用,孩子通过"心理反刍",找到较为合适的应对方法。

犯错误是孩子的权利。孩子正是在这种不断地犯错和改错的过程中逐渐成长起来,知道什么是对,什么是错,什么是真善美。如果用旧时的眼光去看待孩子,就只会看到孩子的缺点,势必会束缚孩子的发展,扼杀孩子的创新能力和自主能力。我们要让孩子在感受错误的过程中获得新知,在感受错误的过程中学会反思,在感受错误的过程中锤炼意志,在感受错误的过程中提高责任感,在感受错误的过程中学会正确的行事方式。也正因孩子的不断犯错,才彰显出教育的巨大作用和魅力。我们不能因为孩子经常犯错误就抱怨,甚至采取严厉的惩罚手段来威吓孩子,泯灭了孩子的天性。如果每一个孩子都知道什么该做,什么不该做,并且所有的事情都做得非常好、非常到位,从来不犯任何错误,那还用得着教育吗?孩子毕竟是孩子,正是他们的不成熟,会犯这样那样的错误,才成就了教育这个伟大的事业。作为父母,我们要帮助孩子逐渐改掉影响健康成长的缺点和毛病,帮助孩子从不成熟走向成熟。

多数父母会有这样的经历,当我们当着客人的面说"孩子太调皮"时,他会变本加厉地调皮,当我们说"我家孩子不好好吃饭"时,她可能会马上把嘴里的饭吐出来。可见,孩子的行为往往会受暗示的影响,而父母的语言就是一种暗示。

> 影视明星宋丹丹对婚姻和家庭的深刻感悟一直受到大家的追捧，而其中宋丹丹与儿子巴图的真情故事更是让人动容，并且透露出一个明星妈妈对孩子的教育之道——批评孩子要背着人。
>
> 巴图很怕妈妈，尽管宋丹丹对他说过的最严厉的话只是："妈妈非常不高兴。"她在孩子心中的威信也许源于她的这种做法——背着人批评孩子。每当她发现孩子在公共场合表现得不太好，她会趴在孩子的耳边轻轻说："巴图，你这样不好。"他立刻会改变做法。

宋丹丹的教育之道对我们大多数父母来说都是可以借鉴的。就批评孩子来说，在大庭广众之下历数孩子的种种劣迹，会伤害到孩子的自尊心。一旦孩子的自尊和自信得不到很好的保护，很容易会转变成自卑和自弃。

要允许自己的孩子犯错误。人无完人，父母本身也不是十全十美的，我们在要求孩子做得更好的同时，也反思自己是否做得足够好，要告诫孩子，每个人都是在不断纠错的过程中长大的，犯了错误不要紧，只要能从错误中找到问题所在，下次不犯相同的错误就好。

从小到大，我们每个人不知会犯多少错误，但很少人懂得利用"错误"，相反，我们从小受到的教育是"为犯错而羞愧"。于是，孩子在父母的教育下也慢慢对"犯错"感到不齿，他们不敢面对错误，久而久之，虽然错误不多，但也没什么进步，因为他错过了最重要的历练机会：在错误中不断成长。错误只不过是通向未知的大门，而那些未知是科学新知的源泉，即使不能从错误里发现什么，也能从中学到一些有价值的东西。

犯错是不可避免的，当父母把犯错当作一个学习机会而不是什么坏事时，孩子为错误承担责任就变得自然多了。所以，我们要以身作则，让孩子觉得犯错误并不是一件坏事，这样他们才会有改错的决心和勇气，能从错误中学习，在错误中成长。

第二节 孩子的错误不必都指出

或许，不少父母会有疑问：不指出孩子的错误，怎么行啊？只有让他们意识到错误，他们才会改正。让孩子意识到错误，他们才能改正错误，这应该是绝大多数人的固有观点。

其实，孩子的错误不必都要指出来，频繁的提醒和批评会让孩子深深相信：我就是不行。一旦孩子接纳这个标签之后，就不会相信自己能够改变。

一些父母可能会遇到这样的问题，孩子做什么事情都慢，吃饭很慢，一家人都吃完了，他还在那里边玩边吃，怎么催促也快不了，已经多次让他意识到自己"错"了，但没什么效果。其实，"慢"并不是"错误"，甚至也不能算是一种缺点，因为有个别孩子的特质就是比较慢，他们只是需要比一般孩子更多一些时间练习和适应罢了。假设我们发现孩子慢，但从来不告诉他，而是设法肯定他、调动他的积极性，让他不知不觉变快，这样会不会更好？如果我们总是告诉孩子他很慢，他也总是关注这个"错误"，并不断发现慢的证据，孩子就会确信自己是个"慢小孩"。如果父母和其他家人总是注意这个缺点，总是批评他，就进一步强化了这个论断。因为频繁的提醒和批评让孩子深深地相信：我就是这样慢。孩子已经接纳了"慢小孩"这个标签，不相信自己能快，完全失去了改变自己的心理动力，就算我们施加压力让孩子变快了，但他心中的自我形象，还停留在"慢小孩"的阶段。

我们指出孩子的错误是想帮助孩子改正错误，事实上却人为地给孩子进步增加了阻力，消解了孩子内心的动力。我们不妨换个角度去发现孩子的进步，多关注孩子做得好的地方，给予孩子肯定，对孩子的行为进行"正面强化"。孩子的努力在不断鼓励和实践中得到了正向的反馈，孩子就会不断进步。每个人都喜欢在成功中学习并保持成功的状态。例如，记录孩子吃饭的时间，当他某一次吃饭不分心去玩，比之前快了的时候，我们应该给予肯定和鼓励，此时孩子并不会觉得快是多么难以企及的目标，他更关注自己的成就感。家人可以让他分享经验，这样她会有意识地总结方法，或许他会意识到不应该边看电视边吃饭，或许会把这次得到的经验用到下一次同样的事件中，这样会渐渐形成良性的循环。表象是做事慢、吃饭慢，深层次的原因是尊重和接纳。孩子具有与大人一样的最基本的需求——被尊重。每个孩子的特质不同，当我们的孩子出现和其他孩子不同、貌似缺点的问题时，不要一味地谴责，多给孩子时间和空间，尊重孩子的心理感受，让他们有力量和动力自己慢慢修正问题。

也许有些父母会说："孩子根本没有进步，怎样去肯定他？"世界本不缺少美，只是缺少发现美的眼睛。其实，每个"错误"的空隙都隐藏着细碎的闪光点。比如，无论孩子多挑食，总能找出一次相对的"不挑食"，这便是进步的起点。父母要在平时时刻关注孩子的微小进步，并及时用语言、表情、眼神来回应他们。当我们发现孩子的小错误时不需要急着指出，而是等一等，给孩子时间和机会，等到孩子有进步的时候，我们愉悦地肯定他们，给他们正面的强化，孩子的积极行为便把那个小错误覆盖了。遇到非说不可的错误，我们尽量用建设性的方式指出来，而且注意使用柔和的语气来化解孩子的尴尬。

或许父母心中有个疑问：孩子犯错，是不是就该由着他错呢？当然要视情况而定，如果不是原则性问题，不会因此影响到孩子的安全、品行，不妨碍他人，我们可以先按捺不动，给他一个体验后果、自己发现错误并修正错误的机会。体验后果，发现错误，尝试修正错误，这个过程本身就包含了孩子观察、思考、总结、尝试改变方式、再观察、再思考、再总结的过程，对孩子来说，就是一个学习的过程。若我们急于指出孩子的错误，就剥夺了他自我思考、自我尝试的机会，并且，指出错误的方式若不恰当，会给孩子带来更多负面的影响。当然，我们不可能凡事都如此处理。有的时候，我们也需要告知孩子一些间接经验，避免他们受伤，或者带来其他负面的影响。只是，这个告知的方式，我们可以更有技巧一些。比如，孩子初次使用剪刀时，很多孩子都会选择将刀尖对着自己，或者把握不好下剪的位置，很有可能伤到自己。那么，遇到这样的情况，我们不必直截了当地告知孩子："不能这样！这样会伤到自己！""宝贝，剪刀拿错了！你看，要这样！"这样一些负面的指令并不能很好地指引孩子，若我们换一种更温和更智慧的方式，情形就不一样了。

父母或许会有这种担心：发现错误而不指出来，这样做会不会让孩子的错误变得更严重？如果不指出错误，那么有什么更好的方法可以让孩子进步呢？

答案是：父母要给予孩子积极的关注，表现为对孩子无条件地接纳。每个孩子都喜欢被认可、被欣赏的感觉，这份接纳成就了孩子的自我价值感。当我们真正接纳了孩子，任何时候都用积极的视角去看待孩子，就可以看到他们的优点和可爱之处。如果我们看到孩子的优点，孩子也会看到我们的优点，双方都处在一种爱与被爱的状态中，就会产生神奇的力量。而这种内心愉悦的状态会通过我们的语言、表情、神态传递给孩子，孩子也会感到非常快乐，那他们就会继续往积极的方向去努力。当孩子觉得自己是一个有价值的人，他们就会主动去做有价值的事情，内心有完善自我的动力，很愿意改正一些错误和缺点，以符合自己的身份。

一般小孩子对新事物都比较好奇，接听电话对孩子来说应该是一件趣事。由于没有相关的经验，他们一般不懂得接电话的礼仪。当孩子抢着接电话，拿起听筒大声问："找谁呀？"时，相信很多父母已经按捺不住想过去抢过话筒并训斥孩子的不礼貌了。其实这样的小错误不必大动干戈，没必要指出来，我们要用宽容的心去巧妙教他们如何有礼貌地接听电话。我们可以用柔和的语气对他们说："接电话不能这么大声地喊，如果你想接，我教你三句话，你学会了，家里所有的电话都由你来接，好吗？"这时候孩子会很兴奋地点点头答应。"你好。请问你找谁呀？你等一下，我去叫他。"这三句话对于一般孩子来说并不是什么难事，让他们重复几遍，我们便可放心地让他们接电话了。当孩子按照我们的要求有礼貌地接听电话时，我们要适当地给予肯定："打电话的人一定在想这个孩子真懂礼貌呀！"那孩子就会感觉到被尊重和鼓励，更乐意去有礼貌地接听电话了。其实，只要用对方式方法，改变孩子的错误行为没有想象的那么困难。

孩子接电话不礼貌，我们不讲"你这样没礼貌大家都不喜欢"之类的大道理，而是换种方式让他们变得彬彬有礼。许多父母往往对孩子的错误如数家珍，对孩子的进步却视若无睹。我们想帮助孩子，却发现孩子的错误越来越多，改正不过来，"错误"最终变成了"顽症"。有时候孩子的错误我们不必都指出来，试着用积极的眼光去发现孩子的小小进步，进而肯定孩子，孩子就会在被尊重和鼓励下继续往积极的方向努力，那些微不足道的错误就在不知不觉中改正过来了。

做父母的不应该当孩子做对的时候，高兴接纳；当孩子犯错的时候，愤怒排斥。人无完人，我们要学会接纳不完美，不能接纳孩子的不完美，事实上是伤害孩子的自我价值感。孩子犯错的时候，他们会因得不到父母的关爱而产生一些局限性的想法，从而用退缩的方式来保护自己。久而久之，孩子一旦遇到不如意的事情，就容易以受害者和失败者的身份自居，缺乏对挫折的抵抗力。而且，父母总是指出孩子的错误，孩子也只会看到父母的错误，双方都容易产生焦虑和愤怒的情绪，这样的负面情绪干扰了孩子认识错误和改正错误。

孩子的错误不必都指出。所谓错误，有一部分是客观存在的，有一部分则是我们过高的期望制造出来的，是父母心中的高标准"误伤"了孩子。如果我们拿孩子与我们心中的期望相比，孩子往往都是错的，如果撇开高标准，只是审视孩子本身，一定可以看到孩子的优点。

第三节　父母对待孩子错误的态度

每个孩子都免不了会犯这样那样的错误，孩子正是在纠正错误的过程中成长起来的。重要的问题不是孩子是否犯错误，而是父母采取何种态度。

18世纪法国著名教育家卢梭在他的教育论著《爱弥儿》一书中，提出了一个著名的教育法则——"自然惩罚"。卢梭认为："应该使他们（孩子）从经验中去取得教训"。具体来说，就是当孩子在行为上发生过失或者犯了错误时，父母不应给予过多的批评，而是让孩子自己承受行为过失或者错误直接造成的后果，使孩子在承受后果的同时感受到不愉快甚至是痛苦的心理惩罚，从而引起孩子的自我悔恨，自觉弥补过失，纠正错误。自然惩罚法就是让孩子在自作自受中体验到痛苦的责罚，强化痛苦体验，从而吸取教训，改正错误。

父母手中有形无形的鞭子，唯一的威力就是使孩子离我们越来越远。孩子的成长本身就是一个不断减少犯错的过程。我们应该放下批评的鞭子，善待孩子的错误，学会从积极的角度去赞美孩子，这是有效减少孩子犯同样错误的良策。

人非圣贤，孰能无过？犯错误对每一个人来说都是在所难免的，尤其对孩

子来说更是如此。可父母往往用大人的思维对待孩子所犯的错误,把孩子犯错一律当作是故意,甚至是恶意的。于是孩子一旦犯了错,很多父母就板着面孔不问青红皂白地严加训斥,有时甚至拳脚相加,致使孩子身心无辜受到巨大的创伤。孩子的自尊心是极其脆弱的。所以,对待犯错误的孩子,作为父母,要心平气和地跟他们谈心,倾听孩子的诉说。我们既要指出孩子的错误所在,又要提出明确的希望和要求。这样既有利于孩子改正错误和身心健康发展,又不至于造成亲子之间的隔阂。托尔斯泰说过,尽可能少犯错误是我们的愿望,不犯错误是天使的梦想。既然如此,父母就要以一颗宽容之心善待孩子的错误,他们会在父母的宽容、谅解和信任中健康快乐地成长。

当然,对孩子的宽容和耐心都源于爱的基础,只有真正爱孩子的人才做得到,也只有用爱温暖了孩子的心灵,孩子才能真正健康茁壮地成长。在孩子犯错误的时候,他们的内心是恐惧和不安的,父母要用不一般的爱心、信任、耐心、宽容、理解和真诚改写孩子们灰色的记忆,帮助孩子在平和的心态下认识错误,改正错误,父母的爱如春风化雨,为孩子留下欢声笑语。有时父母一个细小的动作,几句真诚的话语,就能让孩子感受到父母的爱,或许还能改变孩子一生的命运。因此,为了孩子们能够健康茁壮地成长,父母对孩子的错误要多点宽容,多点耐心,用爱来温暖孩子们的心灵。

> 一位妈妈对孩子要求非常严格,平时经常教育孩子要生活有规律,不要有不良的生活习惯。她不满16岁的女儿偷偷跟朋友们喝酒,回家后坐在马桶边吐到不能自理。她得知消息后,愤怒地冲到女儿房间,女儿看到妈妈的一瞬间,也是吓了一跳,忙着解释来龙去脉。但是那一次,妈妈只是走过去,把毛巾浸湿,然后轻轻地帮女儿擦脸。没有责备,只有心疼。

教会孩子规范的礼仪和规矩十分必要,纠正孩子的缺点和错误更是无可厚非,但是管教孩子有一个前提,那就是让孩子充分感觉到家人对他的关爱。所以这位妈妈即便严格,却还是会在孩子困难时伸出援手,在这样的点滴中体现出父母的关爱。作为妈妈,即使孩子有缺点,还是要跟孩子们相处融洽,才能被孩子视为可以信任的朋友。

我们常常会说家是"避风港",并不是因为家里有多么奢华或者家里怎样的坚固,只是因为家是一个可以安心休息,可以为明天奋斗提供能量的地方。这个世界上没有完美的父母,也没有完美的小孩。家是温暖的避风港,有时候需要接受不完美。

在孩子犯错误时,做父母的应平静地对待,和孩子谈心,倾听孩子的诉说,一起分析原因,进而分清该错误是有意犯的还是无意犯的,使其明白错误的弊端所在。这样既能帮助孩子认识自己所犯的错误,又能帮助孩子树立改正错误的信心和勇气,还能增加父母与孩子之间的感情,建立起信任、友好、亲近的关系,使孩子的身心得到健康的发展。相反,如果不做具体分析,只是简单粗暴地打骂,虽然发泄了自己的怒气,但会产生严重的后果,轻者伤害孩子的自尊,让他们以后做事缩手缩脚,缺乏自信心;重者使孩子产生抵触思想或仇视心理。大人犯了错误,可以自我安慰地说:"我以后要吸取经验教训,我要在失败中站起来,在改正错误中走向成功。"大人尚且如此善待自己的错误,对稚嫩无知的孩子为什么那么苛刻呢?父母以博大的胸怀善待孩子的错误,那孩子犯错误后的恐惧心理就会得到抚慰,减少犯错误的次数,尽可能不去犯同样的错误,孩子在鼓励中自信地成长。

> 一位妈妈的手提电脑被儿子给摔了。有一天趁她在厨房干活,儿子在房间里想自己找动画片,因为没拿住,手提电脑的屏幕就摔碎了。小孩自知闯祸,把手提电脑藏到了柜子里。
>
> 这对夫妻找了半天没找到,问儿子,儿子也不说,还缠着她让她讲故事,阻止她靠近柜子。爸爸找遍了各处,最后强行把柜子打开,发现了此事,当时儿子看到他爸爸开柜子,吓得一下子就哭了。
>
> 妈妈马上给儿子一个拥抱,安慰儿子说:"没事,没事,妈妈不怪你。"然后耐心地听儿子诉说这件事情的经过,嘱咐儿子下次拿东西要注意用双手拿稳,最后鼓励孩子主动承认,大胆说出来,做个诚实的好孩子。
>
> 爸爸事后责怪妈妈心软,认为如果不让孩子记住这次教训,以后肯定还会乱拿东西,犯错误的,如果换了他来解决这件事,他主张用打骂的方式惩罚孩子。

其实这位妈妈的处理方式是正确的。当孩子知道错了,焦虑而大哭,作为

妈妈，首先需要解决的就是安抚孩子的情绪。在一个家里面，比惩罚孩子错误更重要的事情，就是让孩子感受到家的温暖和人情味，继而让他在爱的氛围中认识错误，改正错误。

孩子重要还是被孩子打坏的东西重要？明摆着是孩子重要。可在那一瞬间我们的行为往往给了孩子错误的引导。上文中的孩子为什么把打坏的东西藏起来？那是因为恐惧爸爸知道真相会受到惩罚。人为什么不诚实？人为什么会逃避责任？其实根源就在这里。不论犯了什么错误，都让孩子知道父母对他的爱不会因他犯错而减少一分一毫，平静地看待孩子的错误，让他知道只要自己能够承担后果，就没有什么大不了。同时要告诉孩子我们有多惋惜多心疼，东西坏了之后，对于家庭会有什么样的损失，甚至可以算一笔账，这东西价值几何？这笔钱能够购买多少份他最爱吃的零食？只有这样，才会减少孩子的恐惧，并且让孩子感受到错误的客观后果。

我们教育孩子要适度，当孩子意识到自己错误时，尽量减少说教，更不要在外面对孩子说教，尤其不要在公共场合打骂孩子。在公共场合打骂孩子会让孩子以后留下心理阴影，甚至父母气急败坏的样子很有可能会吓到孩子。我们自己的情绪都管理不了，不能心平气和地为孩子指出错误，那孩子又怎么可能意识到自己的错误呢？面对孩子犯错不听话，父母千万不能大发脾气。许多父母心里都懂情绪管理的道理，可就是控制不了自己的情绪，很多父母在气头上都不能很好地处理孩子犯的错。面对孩子犯的错，首先父母要尊重孩子的感受，冷静之后再引导孩子想办法解决，最后让孩子认识到错误，并且改正错误。

犯错是在所难免的，大人尚且如此，何况孩子。批评使用不当，如"你怎么这么笨呢？这道题都不会做？""你看，期中考试邻居小明又考了年级第一名，你怎么不用功啊？"等，不但不会起到教育的作用，反而会适得其反，让孩子深陷懊恼之中，挫伤孩子的自尊心，打击孩子的自信心。所以抓住孩子的小错不放，是不明智的，应晓之以理，动之以情，批评孩子要得当，尽量尊重孩子的自尊心，让孩子认识到错误，耐心跟孩子分析错误的原因，并引导孩子如何改正错误。

遇到孩子犯错时，父母不要直接去批评，而是等他们缓冲之后再进行婉转的沟通，切忌用直接批评的方式去对待孩子。比如，学校的老师向父母反映孩子的不良行为的时候，如果直接去质问孩子，那换来的结果就是孩子什么都不说。但如果给孩子一个缓冲，等他们平静之后再进行婉转的沟通；或通过询问别的小朋友或者了解更多情况来慢慢地还原事情的原委，再跟孩子沟通，了解孩子自己的想法，综合所有的要素再对孩子进行教育，结果就不一样了。因为很多时候孩子的本意并不是坏的，只是用了错误的方式，直接的批评有可能会让孩子备感委屈。

> 有一次，一个妈妈面红耳赤地训斥着她的儿子。她一边走一边骂："你怎么回事啊，爸妈赚钱多不容易，你却不知道珍惜，还一天天在外惹是生非，你说你活着还有什么用？"面对路人的异样眼光，小男孩一直低着头没吱声。孩子的妈妈火冒三丈，越说越生气，最后居然还动手扇了孩子几个耳光。这样粗暴的行为严重伤害到孩子的自尊心，最后男孩产生逆反心理，生气地跑开了。而孩子的妈妈继续一边追一边骂，消失在人群之中。

相信这样的场景或多或少都会在生活中发生，这位妈妈用打骂去制止孩子的错误行为，可却不知道她的行为已经伤害了孩子幼小的心灵。孩子为什么要跑？因为他已经无法忍受妈妈在公众场合的谩骂，无法忍受妈妈的教育方式。所以，他想逃，想摆脱妈妈的说教。

现在的孩子思想更独立，自尊心更强，所以我们的批评方式要与时俱进。批评孩子一定要注意时间和场合。他们不希望被当作"熊孩子"来对待。批评孩子前，父母应"强迫"自己冷静，才能对孩子犯的错做出正确判断，找出有利于解决问题的方法。孩子犯错可能是无意的，也可能是因为态度问题造成的，批评要有针对性，这样才能让孩子诚心接受。不要只怪孩子，父母应在批评孩子前先做自我批评。批评完孩子后，父母应给予孩子一定安慰，让孩子平复情绪、重拾信心。

父母要做孩子的榜样。人一生之中不知道犯过多少错误，或大或小。做父母的也存在很多问题，只是常常会被自己忽略而已。在成长的道路上孩子会出现各种问题，父母要做自我检讨，为什么孩子一犯错我们就容易生气、抱怨？

父母的一言一行都会影响孩子,所以在和孩子沟通交流的时候,父母要控制好情绪。教育孩子的过程其实也是自我修养的提升过程,因此父母也要自我反思,时刻提醒自己做孩子的榜样。谁都不能避免犯错误,对孩子来说,犯错更是学习和成长的过程。

第四节 引导孩子正确面对错误

俗话说:"知错能改,善莫大焉。"其实我们都明白没有人喜欢犯错误,但是我们无法避免。爱因斯坦曾说:一个人从未犯错是因为他不曾尝试新鲜事物。所以犯了错误不要内疚和自责。只要我们能从错误中吸取教训,犯错误从本质上是在促使我们进步的。

阿德勒曾说:"没有必要为眼前的错误怀疑自己,而应该直面错误,并在以后避免类似的错误。"所以父母要正视孩子的错误,并引导孩子正确面对错误。

孩子犯错的背后一定有他们的原因,不管这个原因是不是正当,至少在孩子眼里他们是有理由这样做的。所以,无论孩子所犯的错误是大还是小,父母的眼睛切勿只盯着孩子犯错所造成的后果,用简单粗暴的批评或惩罚的手段来对待孩子。如果孩子从心里认为自己没有错,那批评或者说服教育根本就不起作用。所以,遇到孩子犯错误,父母最好先心平气和地让孩子自己把事情的前因后果叙述清楚,问清楚孩子为什么要这样做,然后再和孩子一起分析他们这么做造成的后果,会带来什么不好的影响,从而引导孩子认识错误的危害。孩子只有自己认识到错误的危害,才会产生自觉改正错误的行动。

世界上没有完美的人,用正确的态度面对错误,把错误看作学习的机会。当孩子犯错时,不必纠结于原因,因为原因常常是我们控制不了的,而是要让他从这件事中认识到自己的错误,以免以后犯同类的错误。

用平和的态度让孩子正确面对错误。孩子弄坏东西,没等父母反应过来,孩子就"哇哇"大哭起来,因为孩子的年龄还比较小,他的生理机能发育还不是很成熟,这个时候,孩子更需要父母的宽容。因为任何贵重的东西,相对于孩子的成长来说都是微不足道的。如果我们特别在意孩子无意之中的错误，动辄对孩子施以好心的纠正，往往会扼杀掉孩子的想象力和创造性。孩子弄坏东西，他们会用撇嘴或者哭来表达此刻的心情。一方面是担心被批评被惩罚，另一方面他们自责，也明白把东西弄坏了是不对的，但是他们不知道怎么办。这时候父母既不要责怪孩子，也不要忙着安慰孩子，因为这两种反应其实都是在强化孩子对犯错误的感觉与认知，都会让孩子感到难过。前者会深深地伤害孩子的自尊心和自信心，让孩子觉得自己很没用；而后者会让孩子习惯找借口，推卸责任，以后会更加害怕犯错误，久而久之就会变得不敢承担责任，害怕失败，逃避问题。

看到孩子把东西弄坏，父母尽量不要太计较得失，要用柔和的语气跟孩子说："弄坏了，那怎么办呢？"。这样做一方面是告诉孩子父母知道他把东西弄坏了，另一方面用平淡的表情和语气给孩子一个心理暗示"东西被他弄坏了，但是爸爸妈妈好像不是很生气，这件事没他想的那么可怕。"这样孩子的心理就不会处于惊慌失措的状态，而是比较平静。孩子弄坏东西后，父母要做的不是分析他是故意还是无意，也不是强调东西被弄坏的事实，最重要的应该是引导孩子、帮助孩子、教会孩子如何正确面对问题，解决问题，让孩子明白要勇于承担错误，积极想办法弥补和改正错误。

科学家斯蒂文·格伦小时候也犯过孩子经常会犯的错误，不过他的妈妈处理的方式与一般妈妈不同。

格伦两岁时，一次他从冰箱里拿出一瓶牛奶，谁知手一滑瓶子掉在地上，牛奶全洒了！妈妈过来，没有责备，没有教训，更没有惩罚。相反，她说："格伦，你做了多棒的垃圾！我还从没有见过这么大的一摊牛奶呢！既然已经这样了，儿子，你愿意在奶河里玩一会儿吗？""当然！"格伦高兴地玩了一会儿后，妈妈又说："不管怎样，你把地弄得一团糟，你得打扫干净，我们可以用海绵、拖把或抹布，你喜欢用哪一种呢？"格伦选了海绵，和妈妈一起收拾好地板上的牛奶。

干完以后，妈妈又说："今天我们做了一个失败的尝试，没能让你的小手抓住这个大牛奶瓶子。现在，我们到院子里去，给瓶子装满水，看看你能不能发现怎样抓得住、掉不了！"格伦很快就发现，只要他两手握紧瓶嘴的那部分，瓶子就不会掉下了。

　　利用错误引导孩子进步。每一个孩子都会犯错，父母需要做的不是大声呵斥，去阻止孩子犯错，而是应该考虑，如何利用"犯错误"引导孩子进步。斯蒂文·格伦的妈妈首先肯定孩子做的事情，而不对结果做出评价，在孩子感兴趣、兴致勃勃的活动中提出下一步要求，孩子会乐意照办。因为用肯定语气去纠正行为保护了孩子某些正当想法或做法，孩子的情绪不受破坏，更能接纳大人的教诲。父母适当纠正"错误"，首先要和孩子一起分析出"犯错"在什么地方，告诉他正确的做法，培养孩子对自己的行为进行监控和反思，孩子会在自我修正的过程中逐渐成熟。父母要多给孩子机会去实践探索，就算眼下他搞得一团糟，也要让他认识到错误和失败也有积极的意义。犯错是孩子成长学习的一条必要途径，只要允许孩子亲自去探索实践，放手让孩子去感受人生的各种滋味，相信他将来肯定会更有能力处理他的错误。

　　面对孩子犯错，我们都需要去引导孩子如何处理。责骂并不能解决任何问题，我们不能因为孩子犯了错就去打骂，孩子也可能因为我们的权威而短暂性不犯错，可一旦离开我们的视线后又会犯错。父母更不能因孩子太小就忽视孩子所犯的错，我们要正视孩子的错误，进行批评和引导，让孩子从心底接受我们的教育方式，认识到自己错在哪里，避免以后再犯类似的错误。面对孩子的错误，父母该如何引导呢？

　　要教育孩子敢于面对错误。在生活中许多孩子犯了错误后往往采取推卸、逃避或否认的办法，甚至用无数句不攻自破或自认为天衣无缝的谎言来表示要弥补自己的过错。那么，为什么会造成这种现象呢？作为父母首先要进行自省：难道不是我们的批评、指责与打骂把孩子吓成这样吗？在孩子犯错的时候，父母一定要冷静地帮助孩子一起分析犯错的原因及造成后果的严重性及危害性，耐心地帮助他们寻找改正错误的方法，从而让他们理智地面对错误。父母可以引导孩子看好书，好书可以帮助孩子敢于面对错误，书中好的故事往往很有魅力，孩子喜欢，也容易接受书中的观点。比如列宁打碎花瓶的故事，廉颇"负荆请罪"的故事，以及孔子勇于承认错误："我以前讲过唯上智与下愚不移，看来这并不妥当，还是应该提倡'学而知之'，'知之为知之，不知为不知'。"孔子在当时已是名扬天下的贤人，但是，在一个孩子面前，他认识到自己的不足和错误并勇于承认。这些好的书籍中好的观点可以潜移默化地教育孩子，引导孩子正确面对自己的错误。

要正视孩子的小错误，"小洞不补，大洞吃苦"。孩子初犯错误的时候往往都是无意识的，假如这种无意识的犯错不能得到及时纠正，那么，在孩子的潜意识里就会对这种错误十分淡漠，甚至不屑一顾，久而久之，小错就会酿成大错。因此，当孩子犯错误时，父母可以采用让其体验错误，即有意在孩子身上重复他犯的错误的方法，让孩子正视自己的小错误，然后再"亡羊补牢"。

给孩子情绪宣泄的渠道和时间。在孩子情绪平和时进行教育引导比在其情绪低落时更有效果。或许孩子希望父母能拥抱他，或许孩子希望父母能在旁边倾听自己的诉说，或许孩子希望自己一个人安静地待一段时间，甚至大哭大闹地发脾气，这些都是孩子应对生活中失望和挫折的一种技巧。作为父母，要创造条件让孩子宣泄不良情绪，孩子的情绪得到充分宣泄后会归于平静，此时他们容易接受外来的声音。这时候父母可以跟他讲一些孩子崇拜的人物知错能改的故事，这些人物曾经也犯了或大或小的错误，但是他们没有逃避，而是坦然面对错误，勇于承担，并积极改正，最后获得成功。

平时不要过于强调孩子必须第一名。父母平时不要给孩子灌输"你肯定会第一名""我最喜欢你考一百分"等观念，这样会给孩子一个错觉，认为自己一定能拿第一名，只有拿到第一名才能得到大家喜欢，这无形中给孩子带来很大的压力。当他因为自己做题的错误而造成与第一名擦肩而过时，他当然不愿意面对这个错误，他害怕父母因为他拿不到第一名而不喜欢他。所以父母平时不要过分强调学习成绩，给孩子太大压力，要以平常心对待孩子的成功与失败，让孩子平淡地看待成功和错误，这样孩子才能以正确心态去面对错误，改正错误。

鼓励孩子在错误中尝试成功。有些孩子因为怕出错，就不去尝试，这时候父母应该告诉孩子失败没什么大不了，鼓励孩子在错误中多尝试突破，尝试成功，否则小挫折也可能会变成大石头，他根本不相信自己有能力移开。古人云："人非圣贤，孰能无过；知错能改，善莫大焉"。在学习和生活中，任何人都有可能犯错误，犯错误不可怕，关键看我们以什么态度去面对错误，如何改正到位。知错能改是一种进步，我们有什么理由去掩饰自己的错误呢？知错能改能使我们重新认识自己，能使我们进步，能使整个社会进步。

告诉孩子下次避免犯类似错误的方法。每个孩子天生都是完美主义者，他们喜欢好的、漂亮的、完美的，所以看到被弄坏的东西自然会伤心，但是如果可以亲自修好或者参与到修理的过程中，他们会觉得很高兴而且觉得有成就感，最重要的是可以让孩子明白弄坏了东西，犯了错误并不可怕，关键是要多动脑筋，想办法解决问题。在实施修补的过程中孩子就会知道，其实小凳子坏了拧拧螺丝或者钉几颗钉子就可以修好，书撕破了可以用透明胶条粘好，衣服破了也可以用针线缝好。孩子不仅学会了一些解决问题的办法，还增强了动手能力，更为重要的是让孩子从内心养成这种面对错误的态度。态度决定一切，拥有一个敢于直面错误，勇于承担责任的态度，孩子就会变得自信起来，自然就会积极想办法改正错误。

一个完美的孩子不是不犯错误，不是永远不弄坏玩具，而是犯了错、弄坏了玩具敢于承认，并且积极想办法改正错误，弥补过失。这样的孩子长大后才会有责任感，有担当，而且善于思考，善于危机公关。这些都是一个成功者必备的品质和能力。

知心话

不知从什么时候起,有一种惧怕孩子犯错误的思想在父母心中生了根,不能允许孩子哪怕犯一点点的错,一出错就非打即骂。"失败乃成功之母",不经历失败哪有成功。正确与错误也是一样,它们就像孪生兄弟,没有错误也就没有正确。其实我们要有一个新的口号"在错误中成长"。孩子的教育,重要的不是得出正确的结果,而是在于走向正确的过程。错误是有价值的,家庭应该是一个允许孩子犯错误的地方,我们要正视孩子的错误,善待孩子的错误。

第九章
培养孩子的兴趣

现代社会,竞争日益激烈,一些父母为了使自己的孩子不输在起跑线上,将来能"成龙成凤",对孩子的兴趣培养也是越来越重视。

俗话说:"兴趣是最好的老师。"兴趣能让孩子的智能得到最大限度、最持久的发挥。当孩子做自己感兴趣的事情时,他们往往能够全力以赴;相反,如果父母要求孩子放弃他极感兴趣的事情,做一些他不喜欢做的事情,孩子必然会与父母发生冲突。然而,生活中总是有许多父母无视孩子的兴趣和爱好,强行剥夺孩子的兴趣,其结果必然会束缚孩子的发展。孩子兴趣广泛而有所长是许多父母的心愿。每个孩子的兴趣爱好又有所不同,这就需要父母去发现和呵护孩子的兴趣,引导和培养孩子的兴趣,促进孩子在自己感兴趣的事情上做到极致,活出精彩人生。

第一节 培养兴趣不能盲目跟风

孩子有自己个性化的兴趣，没有谁比父母更能发掘他们的兴趣所在。孩子的好奇心特别强，喜欢问"为什么？""这是怎么回事？"，面对孩子千奇百怪的问题，有些父母会显得不耐烦，敷衍回应或者直接忽视。然而，这些看似幼稚的问题恰恰是求知的萌芽。孩子爱提问，是受好奇心的驱使，也是其智力活跃的行为特征。父母应以认真和尊重的态度关注孩子的提问，并耐心启发、解答，保护孩子的这种求知和探索精神，帮助他们解决"为什么"，认识"是什么"，并从孩子的提问中，仔细揣摩孩子的兴趣方向，发现孩子的兴趣。

另外，扩展视野对发现兴趣很重要。孩子如果没有机会接触世界上各种奇妙的事物，他们很难对外界发生兴趣，父母也就可能很难找出孩子的兴趣。因此，父母应该创造机会扩展孩子的视野，比如，多带孩子去旅行，见多些不一样的事物，当发现孩子遇上了一些让他双眼发光的事物时，父母应该鼓励他们去探索。

父母多与孩子参加亲子活动，培养孩子的兴趣爱好。善于教育孩子的父母应该创设与孩子共同活动的环境和机会，在亲子活动中，既可以了解孩子的行为特征，又能洞察孩子的内心世界，还可以和孩子共同体验快乐，从而发现并培养孩子的兴趣爱好。父母可以充分利用周末、节假日，与孩子一起进博物馆、逛公园，或到郊外散步，留心孩子感兴趣的商品、书籍、景物等。此外，我们还可以跟孩子一起写字、画画、读书、做手工，一起做家务。对孩子的劳动成果，父母要给予充分肯定，让孩子体验创造成功的快乐，保护这种兴趣爱好，加以培养和正确引导，一定能收到良好的效果。

培养孩子兴趣，切记不能盲目跟风。望子成龙，盼女成凤是每一个父母的殷切期望。父母都希望自己的孩子能够掌握多种技能，可以应付各种生活环境，能够有一个美好的未来。但是很多时候父母并没有考虑孩子的兴趣爱好，而是为孩子安排好一切，有时甚至跟风，看到现在流行什么就让孩子学习什么，没有考虑孩子的兴趣。孩子就这样在父母的安排下一次又一次地被动接受，孩子的兴趣爱好得不到满足，孩子的特长得不到发挥，导致孩子厌学并把这种情绪发泄到其他方面的学习，这对孩子的成长是非常不利的。

培养孩子的兴趣，首先要了解孩子、尊重孩子。了解他们心里想什么，想做什么，不能以大人的意志为转移。很多父母，忽视了孩子的心理需求和心理期盼，将大人的兴趣强加于孩子身上。比如，孩子看到有街头表演，很想停下来看看听听，而父母说，"这有什么好看的，还不如回家看电视，走！"孩子在大人面前，永远是弱势群体。大人一般根据自己的时间分配、工作需要、生活交际等来安排自己的事情，认为自己的事情是最重要的，以大人的兴趣爱好代替孩子的兴趣爱好。比如，为了看时装展，妈妈可以把带孩子上动物园的许诺抛之脑后；孩子想挑红色的衣服，妈妈马上否定，"红色太土，不好看，还不如选黄色的"。孩子对玩具为什么会动、电筒为什么能发光这些问题感兴趣，想一探究竟，于是把它们拆了一地，有些父母知道后马上训斥，"不像话，刚刚买的你就搞坏了，以后不给你买了！"这样不了解孩子不尊重孩子就容易抹杀孩子的创造性，摧毁孩子的兴趣。很多孩子是毁在父母的嘴上，所以，父母要慎用、善用、管好自己的嘴，要让自己的嘴成为引导孩子发展兴趣的助推器而不是降温的冰块，甚至是扼杀的刀子。

培养孩子的兴趣，要做好必要的引导。孩子是通过观察、模仿来认识社会、融入社会的。孩子的心智还不成熟，不清楚自己的真正兴趣是什么。舞蹈好看，想学；钢琴好听，想弹；画画有趣，想涂；天文很神奇，想了解，感兴趣的东西一大堆，却不知道自己最喜欢最擅长什么。此时，父母要善于观察，用"火眼金睛"，通过平时的活动、沟通交流、作业、生活习惯等渠道，发现孩子的"所长和所好"，在平常的生活学习中加以鼓励、肯定和引导，为孩子的发展指明方向，使孩子对自己的"所长和所好"产生浓厚的兴趣，并加以培养。

丁俊晖，中国男子台球队运动员，斯诺克球手，他成为台联有史以来第11位世界第一，同时也是首位登上世界第一的亚洲台球球员。

丁俊晖八岁时就开始接触台球，不过他真正走上斯诺克台球的道路缘于一次偶然经历。他在小学三年级暑假时，他父亲与一位当地的台球高手切磋球技。在其他人的怂恿下，丁俊晖在父亲上厕所的间隙替父亲打了几杆球，竟出人意料地替父亲战胜了对手。自此，丁父便开始有意识地培养儿子的台球兴

趣。望子成龙的父亲为了保证丁俊晖的训练，甚至顶着家庭和社会的各种压力要求丁俊晖就读的学校允许丁俊晖只修语文和数学，半天学习，半天练球。另外丁俊晖父亲还放弃原先的生意，自己开了一家球房。假期还送丁俊晖到斯诺克台球环境相对较好的上海接受系统的斯诺克专业训练。而凭着自己的努力和天赋，丁俊晖很快就在江苏省崭露头角。

培养孩子的兴趣，父母要利用氛围言传身教。孩子接触得最多的是父母，父母有什么长处，就应该尽情地在孩子面前呈现出来。比如，擅长于舞蹈、体育的，常带孩子到训练场所感受；爱好文学的，让孩子做自己的第一阅读人；在实验室工作的，带孩子去看看实验的过程；爱好画画的，常带孩子去写生；会器乐的，就常在孩子面前表现一番。在日常生活中父母让孩子多接触不同的事物，创造良好的氛围，感染、熏陶、浸润孩子，从而激发他们想学、要学的冲动和愿望，达到发展其兴趣爱好的目的。

总之，培养孩子的兴趣，不能喊口号，应该务实，重在做的过程而不是结果。我们不是要把孩子培养成专家，而重在培养他们的兴趣。

第二节　呵护孩子的兴趣

美国著名教育家杜威在1913年出版了自己的专著《教育中的兴趣和努力》，他认为兴趣是可以推动人们求知的一种积极的内在力量，可以无形地促进人们学习与进取。德国心理学家、教育家赫尔巴特认为兴趣可以导向有意义学习，因为兴趣可以引起人们对事物正确的认识，并能促进知识的增长，为进一步的学习提供动力。

实践证明，当孩子对某样东西有兴趣时，才会专心学习、主动学习。因此，父母要悉心呵护孩子的兴趣，以免挫伤孩子的积极性。

及时呵护孩子兴趣的萌芽。当孩子对某种东西产生兴趣并尝试着做时，父母要热情地肯定和鼓励他们。不管他做得怎样，哪怕做得很不理想，也要先提出值得肯定的地方，而不要急于纠正错误。在同等的客观条件下，无论干什么事情，成功与否，在很大程度上取决于孩子是否有兴趣和自信心。当孩子一开始努力就受到称赞时，便会增强兴趣和自信心。相反，当孩子做某事时，如果常常被指责，就会挫伤孩子的积极性。

> 一位父亲和朋友在一起打篮球，没想到在旁边做观众的儿子目不转睛地追着那个篮球的去向，并在进球时跳起拍手叫好。父亲注意到了儿子对篮球的兴趣，希望儿子能在篮球场上有所作为。于是他小心呵护儿子的兴趣萌芽，最初与孩子一起玩篮球时，他做了一个很大的篮球筐，与儿子齐肩高，篮球却很小，只要孩子把球放入篮球筐里，父亲就起劲地叫好，极大地激发了孩子的兴趣，使他对自己的投球能力充满了信心。就这样，经过悉心的呵护和积极的培养，这位父亲的愿望实现了。

其实成功的奥秘就是每一次努力都能得到成功的反馈，这种成功的反馈维持着孩子的兴趣，直观的进步是维持兴趣最有效的因素。随着成功的体验越来越多，孩子的兴趣也就越来越浓。我们常说"失败是成功之母"，其实"成功更是成功之母"。例如，孩子画画时，尽管他画得不好，看起来乱七八糟的，父母也要鼓励他："你画得真好，比上次又进步了。"及时的鼓励和表扬，对孩子兴趣的培养非常重要。如果父母对孩子的画表示不满或不感兴趣，就会挫伤他的积极性，伤害他的自尊心，使他对绘画失去兴趣。

父母每一句表扬、鼓励的话语，每一个赞赏的动作，哪怕是一个点头和微笑，一个肯定的眼神，都会对孩子兴趣的提高起到至关重要的作用。因此，呵护孩子的兴趣要靠父母的鼓励和支持。每个孩子都是独一无二的，让我们学会用欣赏的眼光看待自己的孩子，不要轻易地拿自己孩子的短处去和别人孩子的长处比，让我们以这种"赏识教育"的方法呵护孩子的兴趣，给他们以自尊和自信，让他们的心灵装上自信的翅膀自由翱翔。有句俗话说得好："好孩子是夸出来的。"

> 1985年,3岁的潘晓婷受父亲影响开始接触台球,从此就与台球结下了缘分。此前潘晓婷只是一名学画的文静女孩。学画画的那段日子,潘晓婷就展露出台球天赋,六岁半时,身高还没有台球桌高的她竟在现场给在当地打球很有名的父亲支招。潘晓婷的父亲潘健在山东老家是一名台球高手,人称潘一杆,还开了一家台球馆。潘健很早就发现了女儿在台球方面的天赋,潘晓婷十四岁那年,他就有意引导她朝台球方面发展。潘晓婷对台球非常感兴趣,一握起球杆,她便再也放不下了。在父亲的积极引导和鼓励下,潘晓婷在台球方面的技术越来越好,被誉为"九球天后"。

都说潘晓婷父亲和丁俊晖父亲很像,他们都是善于发现孩子的天赋并付之行动去培养孩子的兴趣。潘晓婷父亲为女儿的成长付出了艰巨努力,带着女儿从山东转战北京、浙江、上海……就这样,20年过去了,潘晓婷成长为中国的"九球天后"。父亲是潘晓婷天赋和兴趣的伯乐和培养者,是引导潘晓婷走上台球道路的重要人物。

当孩子对某一事物产生了初步的兴趣之后,父母切不可一看孩子有了兴趣就去过度强化它,而应"吊吊胃口",给他们时间去适应和验证。孩子最初的兴趣往往是出于好奇,如果一下子就过度强化很容易使孩子产生厌烦心理,于是就再也没兴趣去做那件事了。如果在孩子兴趣正浓时结束活动,下次再继续,那么,孩子总会盼望着"下次"快一点到来,甚至会达到"上瘾"的程度。日本的铃木先生,培养了成千上万的儿童小提琴手。任何一个普通孩子,经过他的培养,总会如痴如醉地爱上小提琴,并能很快掌握娴熟的演奏技能。他的诀窍其实很简单:当孩子开始拜他为师时,他碰都不让他们碰小提琴,只是自己起劲地拉给孩子听;等孩子对小提琴产生兴趣时,就让他摸一摸琴,然后很快就将琴锁进琴盒;等到孩子有了强烈的拉琴愿望时,只让他拉一两分钟,直到把孩子的"胃口"吊足了,兴趣浓得再也不能忘掉小提琴时,铃木先生才开始循序渐进地教,而且多次在活动高潮中结束。可见他的成功就在于他充分掌握了孩子的兴趣特点。

尊重好奇心,激发孩子的兴趣。每个孩子对未知世界都充满好奇心,由于孩子阅历少,知识经验贫乏,他们对接触到的新鲜事物往往爱问"是什么"和

"为什么",如,"为什么小鸟可以在天空上飞""为什么夏天热,冬天冷"等。孩子的好奇心表现在自发观察、动手尝试、拆卸探究等各种活动中,比如,孩子趴在地上看蚂蚁怎样搬东西,把闹钟拆开来观察是什么东西让闹钟走个不停等,这些不能简单地说孩子越来越淘气了,都是好奇心驱使孩子去探究世界的表现,因为孩子的兴趣往往是在广泛的探索活动中产生和发展的。父母若不了解孩子好奇心的特点,把这些看成淘气、捣乱,对孩子采取批评、冷淡、不理睬的态度,就会损害孩子兴趣幼芽的生长,挫伤他们求知的积极性。我们尊重孩子的好奇心,要为激发孩子的兴趣创造条件,比如,带孩子外出游玩参观,带孩子观看各种竞技表演和比赛,鼓励孩子参加各种有益的社会活动和集体活动,等等,让孩子广泛接触社会,全面了解生活,为孩子接触各种事物提供机会,以此培养孩子广泛的兴趣。对于孩子的提问父母要耐心回答,如果不会回答则可以和孩子一起通过多种途径找出答案。父母要尊重、保护和正确引导孩子的好奇心,并利用它激发孩子的兴趣。

孩子是未来的希望,学习是他们不断前进的脚步,兴趣是他们获取知识和掌握技能的不竭动力,父母要培养孩子广泛的兴趣,让他们感到"学习是一种快乐",让孩子更好地成长。父母是孩子的启蒙老师,是携扶孩子走上人生之旅的向导,让我们一起携手共同托起明天的太阳吧!

第三节 如何培养孩子的兴趣

孔子曰:"知之者不如好之者,好之者不如乐之者"。同样道理,孩子只有对某样东西产生了兴趣、乐于去做,他才可以不知疲倦地去努力,从而越来越爱它。如果孩子对某样东西缺乏兴趣,就无法努力去做,遇到难题往往也无法解决,就会变得懒散。这就是心理学上的"兴趣效应"。

由于现在孩子的兴趣得到众多父母的重视,社会上开设了不少兴趣班,舞蹈、钢琴、绘画、外语、书法等五花八门,这使大多数父母在安排孩子的学习内容时常常不知所措,很多父母投入了大量的精力与财力,却没有真正考虑孩

子的实际兴趣，对于如何培养孩子的兴趣普遍比较迷茫。

兴趣不等于爱好。不少父母把"兴趣"和"爱好"两个概念等同起来，发现孩子爱好某一事物时，就认为他对其产生了兴趣。其实在这两个概念中，"爱好"的范围很广，所含感性因素偏多，而兴趣是人们对某一事物高层次的需求。比如，有些孩子喜欢看电视动画片，这只能说他爱好看电视，而非兴趣。很多父母对孩子的期望很高，认为培养孩子兴趣的目的就是为了成为某方面的专家。父母应该走出这个误区，从培养孩子的底蕴出发去培养兴趣。其实，对孩子兴趣的培养，关键是父母要有好的心态，就是要引导兴趣，并非让孩子成名成家，应该是借助兴趣，增强对生活的认识和对知识的渴求，促进孩子全面发展。

正确认识兴趣，切忌功利心态。一些父母，为了在孩子身上实现自己未实现的梦想，或标榜炫耀自己，或攀比心理作祟而不顾孩子的感受和兴趣，为孩子设计人生，逼孩子学其不愿学习的东西；还有一些父母，认为培养孩子兴趣的目的就是为了出人头地，对子女的期望太高，一旦孩子不如意就感觉心思白费了，钱花冤枉了。父母应该从孩子终身幸福、健康、快乐出发去培养孩子的兴趣，比如，喜欢音乐，应该是以音乐为手段，陶冶情操，激发智力和创造性，并非一定要成为音乐家。

遵循客观规律，促进兴趣发展。培养孩子的兴趣应循序渐进，遵循儿童的年龄特征和事物发展变化的客观规律，切不可急功近利，拔苗助长。任何事情的发展都不可能一帆风顺，孩子在兴趣培养过程中难免出现困难和挫折。当孩子有了畏难情绪，或表现出对兴趣的不稳定性时，父母不能厉声呵斥或空洞地讲些大道理。因为孩子年龄毕竟还小，自觉性还较差，此时父母更应和孩子商量如何克服困难，在兴趣培养的同时注重其良好的性格和优良品质的培养，训练孩子的恒心和毅力，激励其继续努力。当孩子表现出有一点进步时，要毫不吝啬地给予表扬、鼓励，使其感受到自己的进步，增强其成功意识，从而树立起良好的自信心。

培养孩子的阅读兴趣。书籍促进人从野蛮到文明，从庸俗到崇高。阅读是一种心灵的活动，可以改变一个人的气质，也可以培养人有高尚的品德。俗话说："开卷有益。"事实正是这样，读书让人变得睿智。胡适幼年曾因为偶然读到一本《水浒传》而开启了他日后对中国小说的钻研之门；鲁迅因为一本《山海经》，从此忘情于神话世界的迷人。很多伟人在艰苦的童年都曾因为得来不易的几本书，激励了他们的成长，改变了他们一生的方向，甚至造就了他们未来的事业。

营造良好氛围，激发阅读兴趣。父母应当为孩子提供一个充满读书气氛的家庭环境，如用书本做装饰，家中设有书橱，这样不但能让家里有点书香气息，而且孩子也能够轻易看到书、摸到书，自然就会对书产生亲切感。父母以身作则，在工作之余、闲暇之时看书阅读，让孩子从小在这样的环境中受到潜移默化的影响而对书籍产生兴趣。

积极提供有利于孩子阅读的条件和环境。为孩子提供各种阅读材料，比如图画书、童话故事书、儿歌等书籍杂志，内容尽量丰富，范围尽量广泛。另外，路标、店名、广告标语、简单的玩具说明书都可作为孩子的阅读材料。尽量安排有固定的阅读时间，并尽可能安排在每天睡觉前，因为睡觉前比较容易定下心，不会被其他事情干扰，而且也可以利用故事减轻孩子抗拒睡觉的心理。此外，阅读的环境要温馨、轻松，让孩子觉得阅读是一天中最值得期盼的事情。

亲子共读，是爱与阅读的融合，现今很流行亲子共读。亲子共读有助于父母和孩子养成良好的家庭阅读习惯，且在阅读的过程中可沟通交流。现在很多图书隐含的意义都很深远，如果能陪孩子一起共读，父母也可以把自己的感受与孩子分享。随着孩子年龄的增长，父母就渐渐从一个陪伴者到一个引导者，最后转变成一个分享者。父母可以带孩子参加各种读书活动，比如书店的促销活动、书展等。一方面让孩子感受到自己与读书息息相关，另一方面也鼓励孩子把读书当作生活的一部分，从而让孩子更加喜欢阅读，爱上阅读。

当然，阅读兴趣的培养不能只局限于书籍，我们还可以利用其他的活动来调动孩子的阅读兴趣。例如多带孩子去郊游、参观，耐心倾听孩子的谈话，多与孩子进行交流，等等，让孩子见多识广，日渐加强对阅读的理解力。

孩子在读书的过程中，往往会碰到很多不认识的字、不明白的内容会拿着书向父母请教。父母要耐心解答孩子的提问，对他们不懂就问的行为加以表扬，切不可用不耐烦的态度去应付孩子或是拒绝孩子的要求，以免打击孩子的

阅读积极性。

> 因《爸爸去哪儿》红遍中国的林志颖，他与儿子Kimi在法国图书节遭遇尴尬。在儿童读书活动中成绩遥遥领先的Kimi被法国图书馆婉言劝退。林志颖父子的这次尴尬事件值得每一位害怕孩子输在起跑线上而不尊重孩子的兴趣的父母深思。
>
> 某年夏天，林志颖带着儿子Kimi到法国里昂去旅游，恰好赶上读书节。为了鼓励孩子们多读书，当地最大的市立图书馆开展了一项活动：两周内，谁读书最多，将有一份大礼物送给他。
>
> 林志颖和其他父母一样，赶紧给孩子报了名，Kimi十分刻苦，放弃了一切活动，一周后经过市立图书馆工作人员考核，Kimi读会了三本书，别的法国孩子一本也没有完成。林志颖看着孩子成绩遥遥领先十分高兴，对孩子频频鼓励，让他再接再厉，抓住剩下一周的时间，争取创纪录，给老爸争光。
>
> 这时，市立图书馆工作人员来了，带着一份要给第一名的礼物，对林志颖说："希望你的孩子放弃这次读书活动，礼物可以先发给你。"
>
> 林志颖很惊讶地问："还有一周呢，为什么提前给礼物啊？为什么让我孩子退出？"工作人员说："因为你的孩子为了读书而读书，只想争第一，而不理解内容，没有感觉到读书的乐趣。读书不是比赛，没有功利性，他这样疯狂地读，要是得了第一，会给其他孩子做出不好的榜样。所以，我们提前发给你礼物。他退出了，别的孩子就没有了忧虑，才会用心去感受读书的快乐。"
>
> 这件事对林志颖触动很大，他对朋友感慨道："我们教育孩子读书，目的都不纯，规定了目标，好像是为了完成任务。这次法国之行让我明白了，读书就是放松，就是享受，孩子读书仅仅因为对阅读感兴趣，读书可以快乐，就这么简单。"

真正的阅读是指，我们忘记周围的世界，与作者一起在另外一个世界里快乐、悲伤、愤怒、平和。生活总是让人疲倦，我们都需要有短暂的"关机"时间，让自己只与自己相处，阅读、写作、发呆、狂想，把灵魂解放出来，再整理好重新放回心里。

在现代社会，科学技术日新月异，要想立于不败之地，唯有不断地学习，有人说："21世纪的文盲不是不识字的人，而是不会学习的人。"因此，培养孩子热爱学习的兴趣至关重要。

由被动变主动，享受学习的乐趣。在学习过程中，兴趣是最好的老师，是影响孩子学习自觉性、积极性和持久性的直接因素，更是创造性学习的必要条件。如果激发了孩子对学习内容的兴趣，他想深入学习，这时他就会从被动学习转为主动学习，就是"我要学"，而不是老师、父母"要我学"了。而且他会兴致勃勃、深入地掌握这些知识，学习的效果好，耗费的精力也少。孩子在学习活动中兴趣浓厚，注意力就高度集中，求知欲强。"知之者不如好之者"道出了兴趣与学习的关系。当孩子充满乐趣地学习时，无论环境多么困难多么艰苦，他都会感到快乐。

注重学习方式的培养和指导。孩子在学习过程中肯定有弄不清、想不明白的地方，在这种情况下家长应耐心帮助孩子找出原因，并同孩子一起探讨克服困难的方法，引导孩子学会用工具书、网络等手段来解决问题，在与孩子共同解决问题的过程中，发现并培养适合孩子自主学习的方法，孩子一旦掌握了适合自己的学习方法，就能在学习的过程中化难为易，取得事半功倍之效，体验到学习的乐趣。

鼓励孩子保持好奇心，爱上学习。父母在培养孩子的兴趣时，一定要保护和激发孩子的好奇心，使他们喜欢学习，热爱学习。孩子的学习兴趣往往和好奇心联系在一起。对孩子的问题的回答方式最好是与他们一起去探索。即使我们知晓如何回答孩子的问题，也应该用理智克制住脱口而出的冲动，尽量给孩子留下思考讨论的空间。比如，孩子想了解蜜蜂住在什么地方，我们应该这样说："让我们瞧一瞧，也许我们能发现它飞去哪里了。"对孩子的提问，我们尽量采取这样的开头："让我们一起发现它……"亲历的东西远比从书本和电视节目中学到的东西印象深刻。让孩子在显微镜下瞧瞧他们手指上的细菌，他们就会明白为什么要求他餐前洗手；与其向他描述霉菌是什么，不如让他们观察在一片面包上生长的霉菌；与其给他们解释水的蒸发，不如将水烧沸，让他们看看水位因蒸发慢慢下降……各种类型的博物馆更是向孩子展示科学知识的极佳场所。假如我们带孩子去博物馆，不要规定什么参观路线，应该放手让他们去探索自己最感兴趣的东西。

培养孩子"玩"的兴趣。在游戏和玩耍的过程中，孩子常能获得意外的收获，培养某一方面的浓厚兴趣，对智力开发，有不可低估的作用。因此，做父

母的，在生活中要大胆地鼓励孩子尽情地玩耍，做各种探索，培养孩子的求知兴趣，而不要简单粗暴地毁掉孩子的兴趣和希望。望远镜发明的故事，就非常生动地说明了孩子在好奇心的驱使下，即使是"玩"也能学到知识，甚至有所发现、发明。1609年的一天，在荷兰一家眼镜店中，老板汉斯的儿子手里拿着几块镜片，有近视镜片、老花镜片，正与邻居孩子玩耍。他把镜片贴在眼前，什么也看不清，举在离眼睛较远的地方，就能看清镜片后的东西。有个孩子淘气，别出心裁，他一手拿着近视镜片，一手拿着老花镜片，把它们一前一后拿在眼前向远处一望，结果惊喜地喊了出来："真奇怪，礼拜堂的尖塔，突然变得这样近啦！"后来汉斯按照孩子们发现的原理，发明了世界上第一架望远镜。

培养孩子的特殊兴趣。除了培养孩子的基本兴趣外，父母还要注意孩子的特殊兴趣，如音乐、绘画、体育、棋类等。孩子的特殊才能往往存在于孩子的特殊兴趣之中，特殊兴趣很有可能是孩子某种天赋的表现，父母要注意留心观察孩子还处于萌芽状态的特殊兴趣，并加以爱护和培养，使之不断发展成熟。发展孩子的特殊兴趣能培养孩子和谐自由的个性，最大限度地发展孩子的潜在能力，为童年生活增添乐趣，为孩子日后的生活提供更丰富的内容和更多的娱乐方式。因此，父母还是应该用心培养孩子的特殊爱好和兴趣。

良好的兴趣可以开阔孩子的眼界，让孩子胸襟豁达，朝气蓬勃，奋发向上；个性得到充分发展，精神境界得到提高。良好的兴趣将影响孩子的一生，甚至陪伴其一生。每个孩子都有不一样的兴趣，通过不同的兴趣，孩子可以表现出他们自己的个性，作为父母，我们要欣赏到他们的独特一面。

知心话

　　培养孩子的兴趣是每个父母与孩子度过一段特别时光的好方法。作为父母,我们要尊重孩子的兴趣,呵护孩子兴趣的萌芽,并要积极引导孩子培养良好的兴趣。

第十章

塑造孩子的性格

戴尔·卡耐基曾说过:"一个人的成功85%归因于性格,15%归因于知识。",更有"性格决定命运"的说法。可见性格对于一个人的成功具有很大的影响。每一个孩子都有他们独特的个性,我们不一定非要自己的孩子拥有成功者的性格,也不一定非要他们以后获得多大的成功。但我们不可否认良好的性格的重要性。良好的性格可以提升个人的魅力,特别是那种给人快乐、让人喜欢的性格,它不仅让我们物质生活更加美满,也能丰富人生道路中的感情生活、精神生活。

第一节 种下良好性格的种子

一个人有什么样的性格，就会有一双什么样的手，就会有一个能应对什么样事情的头脑。这充分表明了性格对人的事业生活的重大影响。尽管好的性格多种多样，我们不需要千篇一律地把那些成功人士的性格作为标准。但是我们可以给孩子埋下良好性格的种子，以这些种子作为基础培养优良品质。

快乐使人自信，而自信让人变得可爱和更快乐。保持快乐心境的人更乐于尝试新事物和挑战自我，更容易获得事业成功。快乐的人更容易建立良好的人际关系并且保持健康的体魄。做父母的都希望自己的孩子将来步入成功之道，那么就要注意从小培养孩子活泼可爱的快乐性格。

首先，给孩子营造一个快乐的家庭氛围。无论是每天共进晚餐，还是每年一起庆祝生日或节日，对一个家庭而言，没有什么比建立家庭成员之间的感情更有价值的了。过春节时的饺子、鞭炮，或是过生日时的蛋糕、蜡烛，这些习俗都十分重要，因为它们赋予孩子生活的意义，加强家庭成员之间的情感交流，让孩子获得更长久的快乐。同样珍贵的是每个家庭独特的小传统，例如，每个周末全家外出晚餐，每个月末全家一起看一场儿童电影，等等。这些良好的传统习惯会带给孩子强烈的安全感和期待感。

　　周杰伦真挚动人不矫情作态的风格，也许是他的歌曲能感动人们的真正原因。父母感情不和，甚至家庭暴力的阴霾让这个本来活泼淘气的小男孩变得内向、怯懦，父母的离异让周杰伦更加孤僻，不爱讲话，不愿意跟人交往。他小时候记忆最深刻的是外婆家里养的大狗，因为少时的杰伦没有别的玩伴，常常和这只大狗玩。单亲家庭孩子，比正常家庭的孩子承受了更多成长的痛苦和迷茫，使得他们更敏感、更叛逆，也更坚强、更努力。

　　周杰伦，这个在单亲家庭长大的独生子，最擅长的是自己和自己说话，而最不擅长的则是与外人沟通。或许因为从小与孤独为伴，他的音乐成熟厚重并且耐听，有着一股超乎他年龄层的生命力。对于外界的批评与反应，不善言辞

> 的他只有一种表情，他只会用音乐对应，将他的情绪蕴藏在一件件作品中。在明星公司绞尽脑汁分析市场喜好取向的时候，周杰伦以完全自说自话的酷状横空出世。根本不会去考虑大家喜欢什么，而仅仅是把他喜欢的展现出来。

从周杰伦的性格变化来看，家庭氛围对孩子性格的塑造起着举足轻重的作用。

其次，给予孩子选择的自由。童年是一生中最快乐的时期，但有许多孩子却没有这种感觉，因为他们对一切事情都没有做主的份儿，比如，穿什么衣服、留什么发式、什么时间可以玩耍等都由大人决定。他们并不像成人认为的那样很愉快。当然，父母在大多数事情上不能不做主，但有些事情不妨让孩子决定。例如，让两岁的孩子晚餐时选择他爱吃的黄瓜，而不是强迫他吃胡萝卜，或者让6岁的孩子选择他喜欢看的电视节目，让8岁的孩子自由地去交朋友玩耍等。即使在小小年纪，孩子也知道自主选择能使自己开心。

最后，教会孩子以快乐的方式生活。父母不能无时无刻陪伴着孩子。所以要教会孩子自己寻找快乐。人们常说音乐可以陶冶人的情操，一点儿也不错。儿童医学研究发现，给患病的孩子听他们喜爱的歌曲，可以减轻他们的疼痛症状。教会孩子唱歌是一个很好的方式，在平时可以全家一起唱一首他喜爱的儿童歌曲，更可以选择一个舞蹈跟随着音乐一起跳动。这样，当父母忙不能陪伴孩子的时候，小孩就可以自己唱歌跳舞制造快乐。同时引导孩子与其他孩子和睦相处。因为快乐的时候跟大家分享会更快乐，心情不好的时候有人开解会更容易快乐起来。儿童时期小伙伴跟家人一样重要，他们可以分享一些大人不理解的想法，一起去为一些大人觉得无聊的事情嬉哈大笑。这样的伙伴可以让童年更加快乐，这种快乐印象更加深刻。

勇敢自信。几千年孔孟之道的浸染，形成了国人含蓄、内敛、宽厚、谦卑的民族特性。然而，在竞争激烈的当代社会，要求人们面对机会能勇敢、大声地说"我行"。因此，培养孩子自我表现的勇气和习惯，成了家庭教育的一项重要内容，对于内向、胆怯的孩子尤为重要。

孩子的胆怯和内向源于对某件事情没有把握，担心做得不好得不到认同。

因此，培养孩子的自信需要找出孩子的兴趣和特长并加以强化。父母可以通过唱歌、跳舞、数数、背诵古诗、讲故事、画画、模仿等形式挖掘和培养孩子在这些方面的能力。多鼓励孩子表演并在表演结束后加以热情赞赏，帮助孩子树立信心。当孩子因得到赞赏而兴奋不已时，父母可趁机说："宝宝唱得这么好，小朋友们肯定喜欢听，下次唱给大家听吧！"即使孩子还不能痛快接受提议也不要紧，至少心里会留下一些的印象。

同时，父母在生活中应该给予孩子足够的自主性，引导孩子自己完成一些简单的事情。这样，在培养孩子各种能力的同时，也培养着孩子的自信心。比如：让孩子自己做功课，父母不要陪读；让孩子从事一些有趣的活动，教他种花、养小动物、洗衣服等等，使孩子在栽培、喂养、做家务的过程中，锻炼动手能力，增强自信心和责任感。同时多带孩子到左邻右舍、亲朋好友家串门，让孩子在与他人的接触中，在与同伴的玩耍、游戏、交往中，尝试到合作、友谊、成功的乐趣，从而增强自信心，消除自卑感。

除此之外，父母应该给孩子树立好的榜样。自卑是后天形成的一种情绪。如果父母遇事总说"我不行"，孩子不但会模仿父母的这种处事态度，还会认为："父母都不行，我就更不行了。"因此，父母在困难面前毫不畏惧，努力克服困难，才能培养出自信、自尊的下一代。

独立自主。独立自主是指在思考、想象和活动中，较显著地不依赖、不追随别人，能够相对独立地进行活动。独立自主是健康人格的表现之一，它对孩子的生活、学习质量以及孩子成年后事业的成功和家庭生活的美满具有非常重要的影响。

然而，如今很多孩子都是独生子女，父母恨不得把所有的美好都给孩子，为了让他们能够有更好的生活，许多父母为孩子包办一切。不让孩子接受挑战，一直都生活在安逸的环境中对他们的发展是很不利的。父母们需要明白：孩子的人生终将由他们自己做主，如果孩子没有独立自主的能力，他们离开家庭后将寸步难行。

独立自主应该从小培养。家长应该给予孩子充分的自由，要了解孩子在各个年龄阶段普遍具备的各种能力。知道在什么年龄，孩子应该会做什么事情，那么就可以放手让孩子自己的事情自己做，而不依赖别人。譬如孩子穿衣服，很多孩子在两岁的时候就开始具备这样的能力了，虽然他们穿得不整齐或者穿衣服耗费的时间很长。这个时候很多父母因为赶时间或者其他原因帮孩子穿，在多次被剥夺独自穿衣服的权利后，孩子的积极性受到打击，这样就使孩子在穿衣服这件事情上对父母形成依赖。

同时，要认识到许多事情孩子要求自己做只是凭一时的兴趣。孩子的兴趣广泛却并不稳定，往往今天要自己做的事情明天就不感兴趣了。因此要使孩子从小养成自己的事情自己做的好习惯，必须靠父母的帮助和督促。父母要经常提醒孩子按时去做该做的事。另外，当孩子在自己的事情自己做时，父母应看着他做完这件事，不要让其他事情分散他的注意力，防止他半途而废或不负责任地乱做一气。事情做完后应及时评价，特别应多给正面的赞扬鼓励，以强化孩子的良好行为，形成良好的习惯。

现代社会信息技术高速发展，智能机器人的技术日新月异，对知识型的人才形成极大的冲击。然而人的创造力是机器人难以代替的。所以培养和开发孩子的创造力应该引起每一位父母的重视。

幼儿时期的孩子思维发散，常常有着天马行空和标新立异的想法，这时候是培养孩子创造精神的一个最好时期。此时，父母千万别把孩子的创造力给抹杀了。对于孩子提出的不同寻常、出人意料的问题，且能回答出新奇的观点，父母应从中及时发现孩子与众不同的地方，对孩子的新奇念头、大胆想象等要给予称赞和鼓励。要肯定和欣赏孩子的逻辑观，而不要求孩子习惯成人的思考架构。

好奇心是激发孩子创新能力的内驱力，是孩子有所成就的动力，它可以唤起孩子的内在潜能，使孩子完全投入到创造性活动中。父母要给孩子创造一个新奇、有趣的成长空间，例如带孩子到大自然中去。在大自然这个色彩斑斓的世界中，孩子可以充分发挥他们活泼好动的天性，通过观察和探索大自然中有趣的动植物和它们的行为可以有效地激发孩子的好奇心。同时在自由和谐的环境中孩子可以大胆去想，大胆去尝试一些有趣的想法。

在日常生活中，父母应该善待孩子"愚蠢的为什么"。有些问题在成人看来司空见惯，认为事情本来就这样，没有为什么。然而这些为什么正是启发孩子创造力的源泉，就像牛顿当初的"为什么苹果只往地上掉"。假如父母因此

而觉得不耐烦和不屑，可能就错过了孩子的下一个"万有引力"了。面对孩子的提问，父母要表现出浓厚的兴趣和超常的耐心，切不可默然处之。

具有快乐开朗、勇敢自信、独立自主的性格对孩子尤为重要，对孩子的成长起到很好的作用。家长要培养孩子这方面的品格，使孩子成为栋梁之材。

第二节　通过家庭教育培养孩子良好的性格

美国一位心理学家为了研究早期教育对人一生的影响，在全美选出50位成功人士和50名有犯罪记录的人，分别给他们去信，请他们谈谈母亲对他们的影响。信发出去不久，心理学家收到了许多回信，其中有两封回信谈到的都是同一件事：小时候母亲给他们分苹果。

这两封信，一封是美国白宫一位著名人士写来的，一封是一个仍在监狱服刑的犯人写来的。

一封来自监狱的信说：小时候，有一天妈妈拿来几个苹果，红红绿绿的，大小各不相同。我一眼就看出中间的一个又大又红，十分喜欢，我很想要那个又大又红的。这时，弟弟抢先说出了我想说的话，妈妈听了很不高兴地瞪了他一眼，责备他说："好孩子要学会把好东西留给他人，不能总想着自己。"于是，我灵机一动，改口说："妈妈，我要那个最小的，最大的留给弟弟吧。"妈妈听了非常高兴，她在我的脸上亲了一下，表扬我是一个好孩子，还把那个又红又大的苹果奖给了我。我说谎话，却得到了我想要的东西。从此，我学会了说谎。以后我又学会了打架、偷盗、抢劫，为了得到想要的东西，我不择手段，直到有一天，我被送进监狱。

一封来自白宫的信说：小时候，有一天妈妈拿来几个苹果，红红绿绿，有个儿大的，也有个儿小的，我和弟弟们都想着要大的，妈妈把那个最大的苹果举在手上，对我们说："这个苹果最大最红最好吃，你们谁都想得到它。很好，现在让我们来做个比赛。我把门前的草坪分成三块，你们三人各自负责修剪一块，谁干得最快最好，谁就有权得到它。"

我们都同意妈妈的建议，因为我们都想得到那个最大最红最好吃的苹果，只有这个办法才是最公平的。于是妈妈给我们划定草坪后，我们几个人就比着干，谁都想干得最快最好。比赛结束后，我赢得了那个最大最红最好吃的苹

> 果。我非常感谢母亲，她让我明白了一个最简单而又最重要的道理：要想得到最好的，就必须努力争第一。你想要什么想要多少，就必须为此付出多少努力和代价。正是母亲的教育让我一步一步走到了今天。

一个人一生中最早受到的教育来自家庭，同时家庭教育对孩子的影响是最深最长远的，它决定了孩子的成长方向。在培育孩子良好的性格上父母更应该重视家庭教育，以人格育人格，引导孩子的性格向良性发展。

"破窗效应"是关于环境对人们心理造成暗示性或诱导性影响的一种认识。如果有人打坏了一幢建筑物的窗户玻璃，而这扇窗户又得不到及时的维修，别人就可能受到某些暗示性的纵容去打烂更多的窗户。

要想给孩子一个好的环境，除了要维护外，还必须及时修好"第一扇被打碎玻璃的窗户"。在我们的生活中，许多事情在不同的环境暗示和诱导下有着不同的结果。比如：在优雅洁净的场所，我们都会保持安静，不会大声喧哗；相反的，如果环境脏乱不堪，四处可见的就是打闹、咒骂等不文明的举止。因此，环境好，不文明的举止也就会有所收敛；环境不好，则文明的举动也会受到影响。

从"破窗效应"我们可以得到启示，营造良好的家庭环境对孩子的成长和发展有重要影响。好的家庭环境能引导孩子往好的方面靠拢发展，所以父母应从我做起，以身作则为孩子营造良好的家庭环境。

给幼儿树立良好的榜样。父母是孩子的一面镜子，是他们最早最直接的模仿对象，父母的言谈举止都有意无意地影响着孩子，他们通过观察不加选择地模仿父母的一举一动。《教育漫话》中有这样一段话："幼小时所得的印象，哪怕是极微小，小到几乎觉察不出，都有着极重大长久的影响。"因此父母的言谈举止，对孩子性格的形成有着重要的影响。

一个悲观的家庭培养不出快乐的孩子，要培养出快乐活泼的孩子，父母也应该表现得快快乐乐。现在社会生活成本不断提高，父母所面临的压力越来越大，很多父母不自觉地把家庭之外的压力带回家，并有意无意地把情绪发泄到孩子身上。这种做法无疑破坏了孩子快乐的心情。所以，遇到这种情况，父母

不妨在进门前自己静一下，回想一些开心的事情或者和孩子一起开心的场景，令心情轻松起来，这样再去跟孩子互动。

父母可以通过生活的小事树立一个良好性格的榜样，在孩子的脑海中留下印象，在恰当的时候可以提起这事，让孩子有共鸣。例如，父母在吃药的时候可以对孩子说："看爸爸现在吃药一点都不怕苦，爸爸是个男子汉。"这样在孩子以后不肯吃药的时候可以提起"宝宝是男子汉，像爸爸一样。男子汉吃药不怕苦的"。以此可以树立一个坚强的男子汉形象。

> 崔永元，著名主持人，父母对他的教育，印象最深的就是诚实。父母的一言一行都深刻影响着崔永元，在父母的榜样作用下，崔永元养成了善待他人、坦诚处世的好性格。对崔永元的一生最具有影响力的是父母的爱，他把父爱比喻成日出，意思是像日出那样光明磊落，真挚情深；母爱就像月亮，那样温柔无私，慈爱无边。
>
> 崔永元的工作间里有这样一副对联："说天说地莫若说真，话东话西不如话实。"真实和坦诚地做人，是崔永元一贯遵循的准则。崔永元的背后，是父母对他深刻的潜移默化的影响。他们家曾经养了一只大花猫，一天早上，发现大花猫守着两条大黄花鱼自鸣得意。崔永元就把这事告诉了妈妈。全家人顺着脚印一查，知道黄花鱼是大花猫从屋后墙外的国营菜市场叼来的。崔妈妈二话不说，就带着黄花鱼和崔永元直奔菜市场，说明情况后，把黄花鱼的钱付给了营业员。
>
> 崔永元说："我们家庭环境很正规、很正统。父亲是部队军人，做政治工作的。父母对我的教育，我印象最深的就是诚实。他们认为这是第一位的。不能说谎，不能骗人，不能去占人家的便宜。这些要求非常严格，直到现在，父母依然这样要求我。"

父母是孩子的第一个偶像，父母的行为会直接映射到孩子的脑中，并作为标准去模仿，所以父母在平时生活中应该端正自己的行为，以身作则，为孩子树立一个好榜样。

父母平时在生活上应该给予孩子一定的自由，让孩子感受到父母对他们的信任和尊重，相反地，孩子也会因此而更加尊敬父母。事事抢着帮孩子完成和做决定，这样只能害了孩子。有一次我女儿和朋友的孩子一起玩，看到天气开始转凉我们让孩子们都穿上外套。孩子都三岁了，所以我女儿都是自己穿上外套并自己拉好拉链，朋友的孩子看到后拒绝了他妈妈的帮忙，想自己穿衣服。可是折腾了很久都穿不进去，最终还是在他妈妈的帮助下穿上衣服，然而孩子却怎么也开心不起来了，就像自尊心受到打击一样。后来跟朋友说起这件事情，说出了我的想法"应该在家里给予孩子一定的自主性，让他自己做一些力所能及的事情。"一段时间后再次跟朋友相约，他孩子兴奋地在我面前展示了他自己穿衣服的技能，孩子的脸上充满着自信的笑容。我们强调让孩子生动活泼、积极主动地发展，这就需要创设和谐宽松的环境。实践证明，和谐的人际关系和宽松的环境，不仅可以使孩子产生轻松愉快的心情，增强对所从事活动的兴趣，还能有效地培养孩子形成积极向上的品格，增强孩子的独立自主性，减少对大人的依赖。中国有句俗语："猪圈里养不出千里马、花盆里栽不出万年松"从另外一个侧面说明了有足够的生存空间万物才能够茁壮成长。

让孩子独自面对挫折。计划生育后，每个家庭孩子的数量都很少。从他们出生后就集万千宠爱于一身。一些小孩做事无论结果好坏都会引来一片赞赏。这样使他们心里充满了优越感，再加上父母的溺爱和无限度的依从，使其养成一种自大的心理，经常瞧不起别的孩子，处处以自我为中心。这种孩子往往经不起失败的考验，稍有不顺心就大发脾气或一味责怪别人，不懂得在自己身上找原因。针对这种情况，我会让幼儿在体育活动中受些挫折，让他们品尝"输"的滋味，使他们认识到自己的不足之处。

张柏芝在接受采访时直言："照顾孩子就是要给他很多的爱和安全感，但同时自己也会很冷静，比如Lucas走路摔倒了，我一定不会去扶他起来，鼓励他像男子汉那样自己爬起来。"有的父母见孩子摔倒后哭闹，会说地板怎么不好，甚至带着孩子去打地。而张柏芝会对孩子说："儿子不要哭，哭的时候妈妈听不见你在说什么。你告诉妈妈，为什么会摔倒？""从哪里摔倒，再从哪里重新来一遍，我会带儿子再原路走一次，再告诉儿子这次没摔倒是因为我们在认真地走路，下次你再认真走路时就不会摔倒了。"张柏芝说，这样是为了让儿子再遇到不顺的事情，不会从别处找原因，而是从自身找原因，学会承担责任和履行义务。

人生的道路从来就不是一帆风顺的，顺利与挫折，成功与失败经常交织在一起。当孩子遇到困难或者受到挫折时，消极、放弃的心理油然而生，这时我们应该帮助他们树立起勇于克服困难的勇气与决心，帮助他们分析失败的原因，引导他们以积极的心态对待挫折。

对此，父母在平时陪伴小孩的时候可以恰当地设置一些障碍情境，增强孩子的心理承受能力。例如，在跟孩子赛跑的时候不要总是故意输给孩子，偶尔应该赢他几次。在孩子处于输掉"比赛"的沮丧中时，应该引导孩子去克服，可以对他们说"这次输了不要紧，努力练习跑快点，下次就能赢了。"渐渐地孩子在面对失败的时候就不会那么难以接受，并在下次尝试中更加用心和努力。

爸爸在孩子的教育中举足轻重。我有一个朋友的孩子5岁了，性格活泼、乐观，好奇心非常强。而且她还很懂事，说话十分有礼貌，见面不用妈妈吩咐就主动叫叔叔阿姨好，并主动把零食与大家分享，邻居朋友都非常喜欢她。有时候我也很惊讶为何如此小的孩子会这么懂事。经了解，原来一切源于孩子的父亲，他和妻子对孩子的教育非常重视。他深知父教对女孩的影响很大，即便工作很忙，也会抽出时间陪伴孩子。在平时生活中，他严于律己，时时为女儿做出"表率"，并且经常抽空带孩子到处游玩，让她增长见识。在他的影响下，女儿和他一样爱好广泛，性格也变得开朗乐观起来。对孩子来说，爸爸良好的行为会潜移默化地影响他的身心发展，增强他的动脑、动手能力。在不断尝试的过程中，既让他获得积极的情绪体验，也让他逐渐养成优良的个性品质。

男人大多具有粗犷、豪爽、热情等性格。虽然这些性格特质并非十全十美，但却是男孩应该具备，女孩需要有选择地继承的。因此，孩子良好的性格，爸爸的作用是不可或缺的。孩子健全个性的形成离不开爸爸的参与，甚至可以说是塑造孩子性格的关键所在。爸爸身上敢于冒险和探索外界的信心、勇气、积极进取的特质，都值得孩子学习、模仿。

家庭教育是孩子的第一课，也是最重要的一课。所以每位家长都应该重视，摆正自己在课程上的位置，为孩子良好的性格打下坚实的基础。

第三节　别把孩子的好性格扼杀在摇篮中

良好性格的形成和改变，是一个逐渐的过程，不能操之过急。应从大处着眼，小处着手，从行为中养成习惯，从习惯中强化良好性格。同时在这个过程中需要步步为营。正如常人所说，刚出生的孩子是一张白纸，这时候孩子的性格是最容易塑造的。这张白纸的前几年都是由父母去刻画，每一笔都会对整幅画造成很大的影响，一个错误的落笔到了后期都需要耗费很大的力气去修正，有些甚至需要付出很大的代价。

古人都认为有些性格是天生的，由遗传决定，所以有"人之初，性本善"的说法。这个观点正确与否我们无法考证，但是在孩子的成长过程中有些父母有意或者无意地把这些良好性格的种子扼杀在摇篮中。

"开朗活泼"，可以让人在面对困难的时候不容易沮丧，在人际交往中更容易让人喜欢。在计划生育政策实施以后，每个家庭最多只有两个小孩，每一个小孩出生后都集万千宠爱在一身。小孩天生无忧无虑，家里的长者更不愿小孩受半点委屈。这样的环境，小孩的内心深处会觉得一切都是美好的，乐观开朗的种子就会迅速扎根和成长。

一切看起来都那么顺利，可是事情发展真的这么简单吗？

邻居的女儿是家里面第一个小孩，无论是他们夫妻还是爷爷奶奶都十分用心地照顾她。在出生到三岁这段时间每天都过得开开心心。孩子每天雀跃地唱着歌迎接美丽的早晨。那个时候经常活蹦乱跳，小嘴就像愉快的小鸟唱个不停，在她的眼中一切都是美好的。

三岁后，到了需要上幼儿园的年龄。上学的第一天小女孩十分兴奋，还背着书包摆出不同的姿势照相。第二天开始，小孩就哭着闹着不肯上学，进入了抵触期。这是每个孩子都要经历的时期，而且平时他们夫妻的工作比较忙，所以对此也没有太在意，认为过段时间孩子适应了幼儿园的生活就好了。

然而，期望的适应并没有如期而至，一个月过去了，孩子抵触情绪还是很严

重,同时在家也没有了以往的活泼开朗,总是一副心事重重的表情,甚至睡觉到半夜无缘无故地哭。渐渐地家长意识到事情的严重性,并想尽一切办法去纠正。

上幼儿园对于孩子来说是一件大事。离开熟悉的亲人,进入到另一个陌生的环境,每个小孩心里都有很大的恐惧和不安,需要家长去格外呵护。而他们夫妻因为工作忙并没有花很多心思在这上面。假如,一开始他们就多花点时间陪伴女儿,听她诉说幼儿园的生活,一起挖掘上学的美好事情,或许,他们女儿就能适应幼儿园的生活,也不会让事情发展到后来那么严重。

就如邻居夫妻一样,大多数父母都忙于生计。在对待孩子的问题上一般是给予足够的物质生活却忽略他们的精神生活。小孩的快乐源于父母的陪伴和关爱,在他们害怕的时候需要父母给予其安全感,在他们伤心的时候需要父母的安抚,在他们淘气的时候需要父母的引导,在他们快乐的时候更需要父母一起分享。

有一次我跟两个朋友约会,他们都带着小孩,中午我们到餐厅吃饭,餐厅的菜单十分特别,每个小孩都领到了两支蜡笔和一大张游戏纸,上面有各种涂画的游戏,背面印着菜单,列着孩子们喜欢吃的食物:有汉堡薯条、比萨沙拉、意大利面条等等,还有几样是这家餐馆的特色食品。

朋友A的女儿爱吃薯条和汉堡,她拿到餐牌后,毫不犹豫地说:"我要吃薯条和汉堡。"朋友B的孩子听了也跟着说要吃薯条和汉堡。然而朋友B认为薯条和汉堡在外面西式快餐店都可以吃得到,而且他们家旁边就有一家,孩子也经常吃,所以坚持让他点其他的。但朋友B的孩子还是想跟朋友A女儿一样吃薯条汉堡。就这样朋友B跟他小孩展开拉锯,最终朋友B直接帮他孩子点了鱼扒。等到大家的饭都上来了,朋友A的女儿一边嚼汉堡,一边吃着薯条,好不快活,而朋友B的孩子闷闷不乐,眼睁睁看着朋友A的女儿吃而自己不肯动面前的食物。

在大人的眼里,妈妈替他点的鱼扒看起来比薯条汉堡要好很多,可他就是一副不开心的样子。其实孩子天生就有自己的事情自己做的本能和意愿,想要自己独立自主,可是如果他连最简单的点自己喜欢吃的东西的权利都没有,

"独立"一事就无从谈起了。

孩子成长的过程，是一步一步从不懂到懂的学习过程，如果父母总是一手包办和替他做决定，孩子永远没有自己做决定的机会，没有犯错误纠正错误的机会，他就得不到成长。等到他长大需要独立，他的懦弱、不独立、不敢负责的性格已经形成了，他已经没有能力去做一个决定了，他的职业生涯和家庭关系都会因为这种"依赖型"性格而出现重重困难。

父母所做的任何事情的出发点是为孩子好，短期看，父母为孩子做决定好像对孩子有利，但从长远的角度来看，说得严重点，是害了孩子。就好比小鹰小时候，老鹰会帮它们捕食并把食物撕开喂它们，但等到小鹰长大，老鹰必须把它们推下巢穴让它们学会飞，自己去觅食，这个时候小鹰肯定会饥一顿饱一顿，但是它学会了飞行与觅食，就能够独立生活了，可以海阔天空任我飞。如果老鹰不放手，一直把小鹰留在身边，那么它一辈子都不会飞翔，不会自己觅食养活自己，只能永远在巢穴里面活动，永远成不了天空中的王者。

所以，父母们需要尝试放手，只要不是原则性的问题或危险的事情，让孩子自己的事情自己做决定，自己的事情自己做。在家中营造一个宽松、自由、民主的氛围，平等地看待孩子，让孩子也有按他们的意志行事的机会。也许他们会常常犯错，但他们会从失败中学到宝贵的经验教训，他们更会从成功中得到自信和满足，这是孩子形成自信和独立人格的根本所在。

每一位父母都爱自己的孩子，希望他们成为一个优秀人，然而有时候父母的一些行为却成为打击孩子自信的根源。这些行为很多都是无意的，正因为无意所以才难以察觉，并在潜移默化中磨灭孩子的自信。

很多孩子都有表演的欲望，他们希望得到大人的赞赏，笔者有一个朋友的女儿喜欢唱歌，一开始她比较害羞，在大人面前不敢唱。得到很多鼓励后开始小声地唱，在得到大人们的掌声和赞赏后渐渐变得自信，声音也越来越大。有一次她在朋友聚会上表演，有一个朋友喜欢开玩笑，对小女孩说"唱得不好，是不是妈妈教的。"当然，在我们眼里这是一个无足轻重的玩笑，但孩子却认为这是否定她的歌声。当天小女孩就没有再唱歌了，而且在往后的聚会上朋友让她唱她也不唱了。孩子的自信心是非常脆弱的，大人们的一些不经意的动作都很可能让他们的自信心受到打击。打击过后再去建立回来就需要很长的时间

了。所以父母要细心呵护，不要让一些无意的贬低打击孩子的自信心。

现在网络上"别人家的孩子"成为一个无所不能的人物。现实中家长可能出于对生活、工作、家庭或是对现状不满意，从而希望从孩子身上实现自我价值的认同或者激励孩子向上超越，个别父母喜欢拿自己的孩子跟其他人的孩子做对比。她们忽略了孩子个性的差异，她们会从身边孩子身上发现自己孩子所不具备的优点，觉得这就是好孩子的标准并希望自己的孩子都具有这些优点。

经常拿自己的孩子和别的孩子比较是一种不健康的做法，这样会产生一种负强化的影响。妈妈总是期望孩子向更优秀的方面发展，但越是关注孩子身上的不足，越是指责孩子，结果就越不尽如人意。孩子在成长过程中，如果总是得到否定，就会养成一种自卑的人格，觉得自己事事不如别人。

幼儿阶段的孩子是十分敏感的，在这个阶段他们对父母的行为理解是十分直接和单纯的。在父母眼里认为对孩子好的行为却往往造成反效果。譬如为了让孩子谦虚而在朋友面前故意贬低孩子某方面才能，这样只会让孩子认为自己不优秀从而失去这方面的自信。

在孩子成长的阶段，父母需要站在孩子的角度，用孩子的思想理解孩子的行为，同时多从他们角度去看待自己对孩子的态度，别让一些无心的"过失"毁了孩子在萌芽时期的良好性格。

知心话

父母是孩子的第一任老师,是孩子性格的奠基者和缔造者。要想孩子有一个良好的性格,父母要以爱为基础营造一个温馨和睦的家,以平等的态度对待孩子。想要孩子成为一个拥有完善人格的人,那么父母必须相信孩子是一个拥有完善人格的人。

参考文献

［1］丁海东. 儿童精神：一种人文的表达［M］. 北京：教育科学出版社，2009.

［2］六盘烟火. 孩子犯点儿错也没啥不好［J］. 宁夏教育，2014（3）.

［3］爱因斯坦. 爱因斯坦文集：第三卷［M］. 北京：商务印书馆，1979.

［4］黄玉珍. 播撒阳光收获灿烂［J］. 素质教育论坛，2010（14），127-128.

［5］十六夜. 尊重孩子的梦想［J］. 家人，2011（8）.

［6］shuijing. 让孩子的梦想"飞"起来［N］. 中国青年报，2013-08-22.

［7］校长会. 陈道明教育女儿，用的竟是这三条"标准". 搜狐网［2015-11-12］.

［8］新中国式家长学堂. 晴格格王艳教子绝招，站在孩子的角度想问题. 搜狐网［2016-04-21］.

［9］"猫爸"常智韬分享育儿经：父母应按孩子的游戏规则出牌. 凤凰网［2014-06-16］.

［10］虎妈蔡美儿：我相信女儿最终会理解我. 新浪教育［2011-01-31］.

［11］周口法院院长被杀案，高中生儿子深夜引杀手入门. 人民网［2013-05-22］.

［12］台球冠军从画板开始　潘晓婷今年要冲击世界第一. 网易体育［2009-02-24］.

［13］崔永元：被与生俱来的悲观性格"击垮"的人. 新浪网［2003-12-05］.

［14］孩子小错家长如何正确纠偏. 深圳新闻网［2010-09-19］.